JN028069

学び方を学ぶ授業

Learning How to Learn

Shun Nanba

難波 駿

東洋館
出版社

はじめに　「普段の授業」を変える大転換期にいる私たち

2023年。私の住む北の大地に、プロ野球チーム北海道日本ハムファイターズの本拠地として「エスコンフィールド北海道」が誕生しました。興味深いのは、この野球場が観戦に特化した「スタジアム」としてではなく「ボールパーク」としてつくられた点です。

通常、皆さんが「野球場に野球を観に行く」といったら「野球を観たり応援したりする」イメージが一般的でしょう。しかし、エスコンフィールド北海道は「世界がまだ見ぬボールパークをつくろう」という目標のもと、様々な魅力が詰め込まれ、工夫が凝らされました。

- 球場内温泉&サウナ
- 球場内クラフトビール醸造レストラン
- ＢＢＱが楽しめる焚き火テラス
- 日本最大級キッズパーク
- 自然体験型アクティビティー空中アスレチック

・全国有名店が集結した七つ星横丁
・農業学習施設とベーカリー
・ミュージアム

エスコンフィールド北海道は「**誰もが楽しめて、多くの人の心に響く場所**」を目指しています（私個人としては、サウナに入りながらの野球観戦は最高のエンターテイメントでしたし、家族もキッズパークで遊び、美味しい料理を楽しんで大満足でした）。

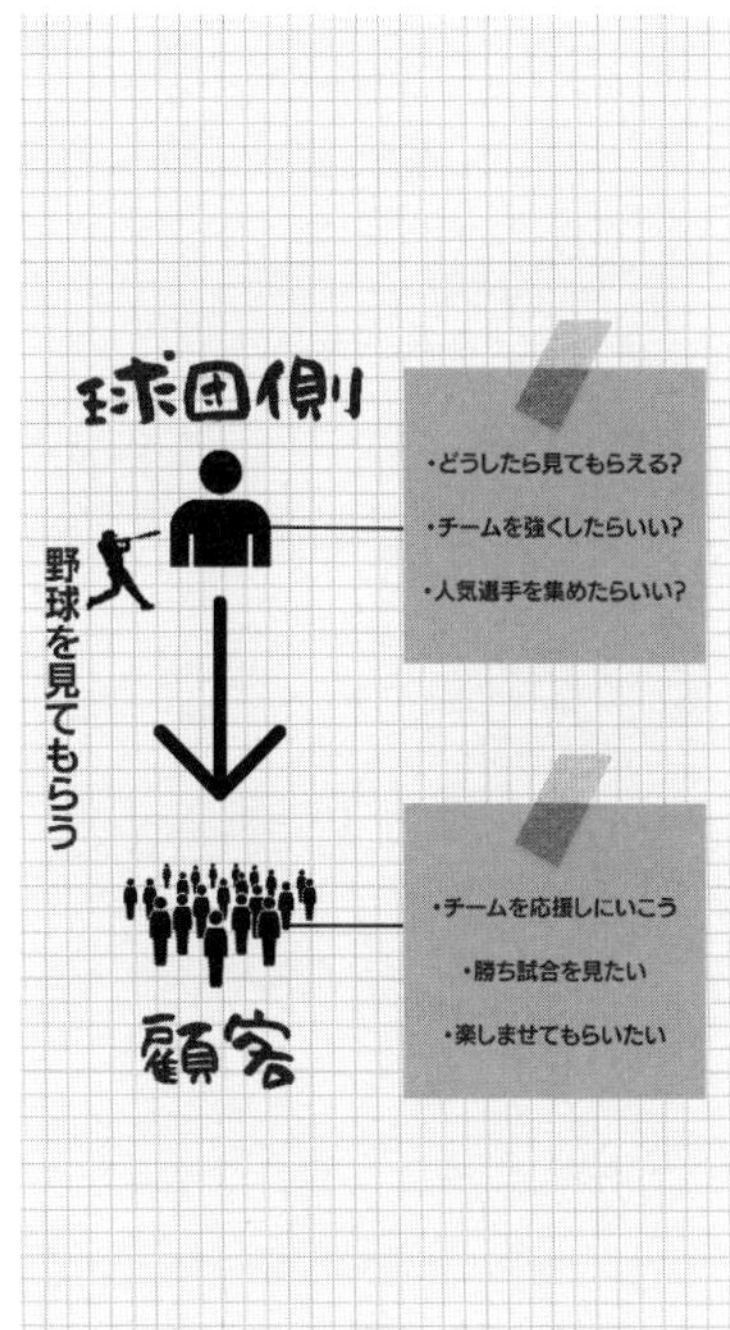

図１　従来の野球場の価値提供

私が子どもの頃の多くの野球場は「野球を観てもらう場所」として機能していました（図１参照）。しかし、現在は、メインのコンテンツは野球でありながらも「**野球と共に楽しむ場所**」として変化しつつあります。

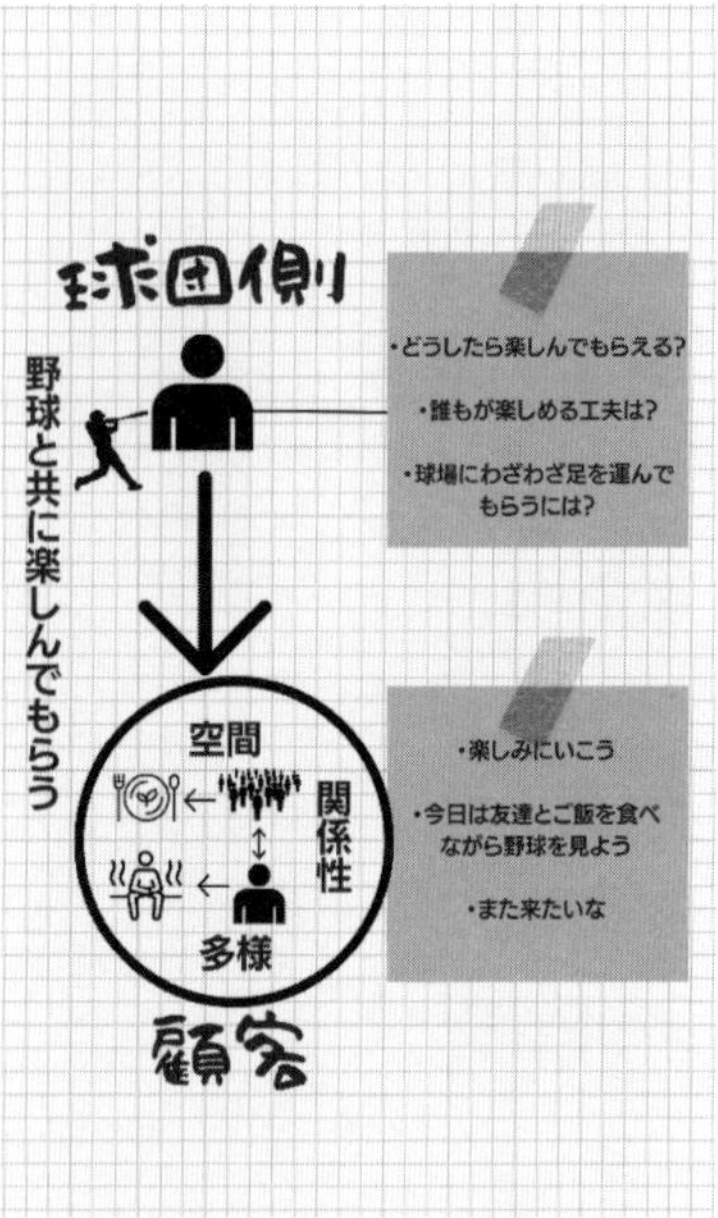

図２　ボールパークの価値提供

なぜ野球場にこのような変化が訪れたのか調べてみると、野球人気の低下、ネットやテクノロジーの発達（自宅からでも観戦が可能）が大きな要因とされています。**時代の変化に追いつくために、野球界も変革を遂げているのです。**

さて前置きが長くなりましたが、ここで最も伝えたいのは、**私たち教育業界も、大きな変革期に直面していると肌で感じませんか？**　ということです。

教育現場は、今後の人生において二度と経験することのないような大転換期に直面しています。大きな2つの出来事が影響しています。

「コロナウィルスによる長期休校」と「ＧＩＧＡスクール構想」です。

これらの出来事によって、教育業界にあった「先入観・既成概念・固定観念」はすべて揺らいだように感じました。

コロナウィルスによる長期休校

3ヶ月もの休校がありました。「オンライン授業」や「プリントのやり取り」…様々な試行錯誤が行われました。おそらく多くの大人が突きつけられた1番の現実は、**「子どもを勉強させることの難しさ」**だったのではないでしょうか。

学校という場所に来てさえいれば、6時間も勉強しているにもかかわらず、「家で勉強する」となれば1時間もできない家庭が大半だったと思います。教師としても、あの状況下になってしまってからでは「休校期間中も当たり前のように勉強する姿」を生み出すのは難しかったのではないでしょうか。

GIGAスクール構想

「学校に一人一台のインターネット回線が繋がった端末があればな…」という夢物語があっという間に実現しました。これは本当に大きな出来事です。子どもたちの目の前に、「常時」知識にアクセスできる道具が現れたのです。教師が知識を教えなくても、子どもたちが知識を取りにいける環境が整いました。しかも、伝え方も一流の先生だったりキャラクターが教えてくれたりと質も高く、図・資料が多様で飽きさせないコンテンツが充実しています。

野球界が、時代や顧客に合わせて、価値提供の視点を広げていったように、**私たち教育**

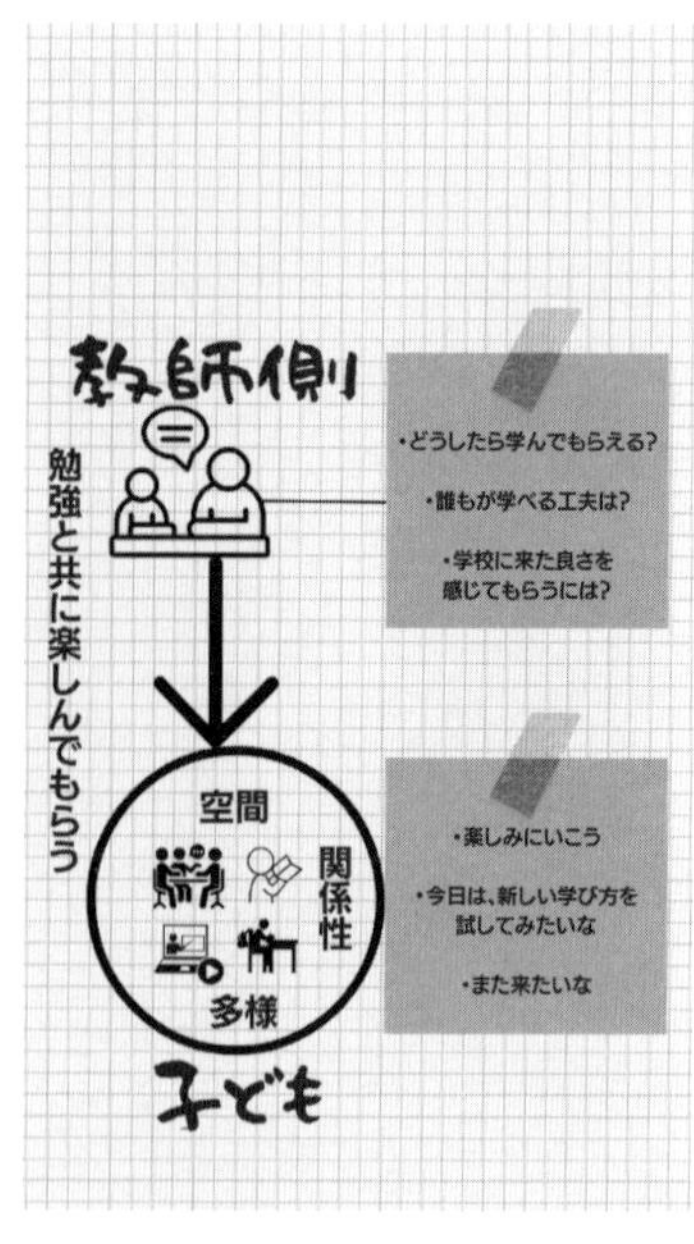

図３　授業の変革期

業界も価値提供の視点を変革していかなければならないと確信しています。

もちろん、教育業界はビジネスの世界ではないとの声もあるでしょう。しかし、大きな感染症が流行し「子どもたちが自主的に学ぶ力が育っていない」と嘆かれた過去がある。インターネットが一人ひとりの端末に繋がり、数多くの良質なコンテンツに常時アクセスできるようになった今がある。時代が変わり、子どもたちも変わり、世の中も変わりました。私たち教育業界も変わりましょう。未来を変えていきましょう。一歩ずつ、少しずつ。

中国の老子の格言に「人に魚を与えれば一日で食べてしまうが、釣り方を教えれば一生食べていける」という言葉があります。

令和時代の授業では、学校の教室という場所を「知識を与える場所」ではなく「**学び方を学ぶ体験施設**」と捉えてはどうでしょうか。そこには唯一無二の存在である「友だち」もいます。

本書では、学校現場で13年間「学び方」を考え、試行錯誤を重ねてきた著者が、多数の実践例をもとに「学び方を学ぶ授業」について述べていきます。

※本書の題名には、とても悩みました。当初は「学び方の教え方」と題名を考えていましたが、「このやり方どおり教えれば成果が出る絶対的な方法」は存在しません。色々な試行錯誤と対話を重ねることで、ようやく、その子の「学び方」がうっすらと見えてきます。これまで300人を超える子どもたちの学級担任として、千人を超える子どもたちの学年担任として、学ぶ姿を隣で見てきました。その結果、「学び方の教え方」は存在しないと結論付けました。そのため、本書の題名を「学び方を学ぶ授業」に決めました。「学び方を学ぶ」主語は子どもであり、「授業」の主語は教師です。互いが精一杯の努力をすることで、子どもたちの「学び方」は成長していきます。

「学び方を学ぶ授業」を構築するのは簡単なことではありません。むしろ険しい道のりかもしれません。しかし、その先に、美しい景色が広がっていると信じています。

新時代の「普段」の授業～学び方を学ぶ授業

令和の教師である、私たちにできることを共に考えていきましょう。激動の大転換期にいることを恐れず、むしろワクワクと捉え、共に学び続けていきましょう。

難波　駿

目次

第2章 計画を立てる力を学ぶ授業

第3章 目標を設定し、運用する力を学ぶ授業

第 1 章

学習者の考え方・マインドを学ぶ授業

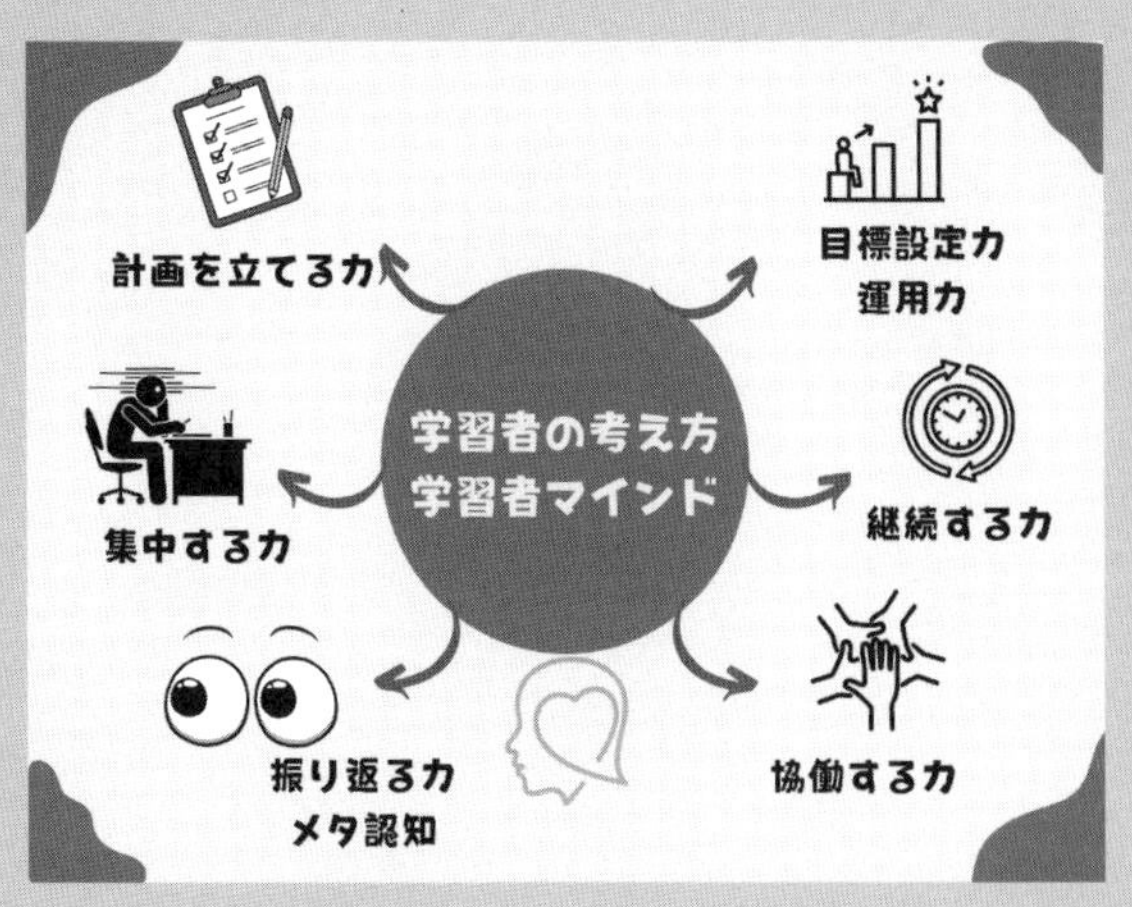

「勉強が嫌い。勉強なんて面白くない」

という子どもたちの考えの根源は何だと思いますか？

私は、大人の「過剰なサービス精神」だと推測しています。

学習者の考え方・マインドを養う前提がないまま提供される教育的サービスは、逆に学習者側の意欲を低下させてしまうことがあるのです。

たとえば、「学習者が学びやすい環境を整える」という大人の想いがあるにもかかわらず、それを受け取る学習者側の考え方やマインドが育っていないと、次のような望ましくない結果が生じる場合があります。

大人側の想い

インターネットが常に接続できたほうがいい。無料の Wi-Fi 設備を備え付けてあげよう。

学習者の考え方・マインドが育っていない学生の解釈

えっ？　ラッキー。長時間の映画を学校で見よう。ダウンロードして家で見よう。

大人側の想い

昼寝が午後の学習に効果的と聞いた。実際に取り入れている高校もあるらしい。我が校でも導入してみよう。

学習者の考え方・マインドが育っていない学生の解釈

やったー。これで夜更かししても、学校で寝られるぞ。

極端な例ですが、このような事態が起こってしまうのです。

ＧＩＧＡスクール構想による一人一台を巡っても、同じことが起こっています。

・勉強に関係のないサイトを検索したり大人に隠れてこそこそゲームをしたりする
・出された提案文の課題は、ネットで検索してコピペして提出する
・課題で出されたＡＩドリルの難易度設定を勝手に下げて、課題を合格する

したがって、**肝心なのは「学習者の考え方・マインド」を育むことです**。これらは自然に育つものではなく、時間をかけて培われるものです。授業においても、まず「学びたいという気持ち」を促進することが、教師の重要な役割であるといえます。

令和時代の普段の授業では、「学習者の考え方・マインド」から学びます。

孔子でも、学ぶ意欲のない人に、教えるのは無理だった

「最高の先生」と名高い「孔子」には三千人の弟子がいたことは有名です。「孔子大先生のもとで学びたい」と熱望し、各所から弟子入り希望者が押し寄せます。しかし、三千人の弟子のうち、真剣に学問に取り組んだのは、10％の三百人しか満たなかった事実は、あまり知られていないと思います。

孔子の話を聞くフリをしたり居眠りをしたりする弟子も存在したと記録が残っています。**つまり、「最高の先生」のもとで、学びたくて集まってきた人たちでさえも、学ぶ意欲が持続できない場合があると歴史が証明しています。**

学校の場で、教師が一生懸命教えても、子どもたちに学びたい気持ちが起こりにくいのは当然のことなのかもしれません。**私たち教師が日常の授業で注力すべきは、「学ぶ意欲」を子どもたちの心の中に生み出すことではないでしょうか。**

極端な話ですが、学ぶ意欲が育まれれば、教師がすることは、ほとんどありません。学

びたいという気持ちが生まれるまでの関わりに注力しましょう。
具体例として、6年生の社会の授業から、一場面を紹介します。

休み時間…私は次の時間の社会の授業準備中

T：（大仙古墳の写真をテレビに映す）

C1　えっ！　めっちゃでかい！　周りの家があんなに小さいよ。

C2　大きさって、どのくらいなんだろう？

C3　（教科書を出して調べ始める）　500mと300mだって！

C3　（Googleアースでも調べる）外周が2600mもあるよ！

C1　どうして、こんなに大きいんだろうね？

C2　てかさ、そもそもこれは何？

C3　古墳だよ。

C2　「こ・ふ・ん」って何？

C3　（教科書を読み上げる）ええっとね…古墳とは…「3世紀から7世紀ごろに、各地で勢力を広げ、くにをつくりあげた王や豪族の墓」って書いてあるよ。

C1　お墓か〜（ノートを見直す）。この前の時間で、むらの中から、むらを支配する豪族や、さらに勢力を広げた王が現れたって学んだもんね。その人たちの墓なんだろうね。

C2　へぇ〜。でも、こんなに大きいお墓、どうやってつくったんだろうね〜。

おわかりいただけたでしょうか？

この場面からわかるように、私の出番はほとんどありません。

私は、休み時間に次の時間の社会の準備をしていただけなのに、3人の子どもたちは自発的に興味をもち、自分たちで調べ、学び合ったのです。

通常は「教師がやるべき」とされているのは次のような関わりです。

・今日の学習のめあてを伝える
・問いをもつように促す
・調べるように声をかける
・交流するよう働きかける

これらの「教師がやるべきだと思われている関わり」は「学びたい・学ぶのは楽しい」

と思っている子たちには不要になる場合もあるのです。自分でできる子、やってみたい子には、まずは任せてみてはどうでしょう。**できるのに、やりたいのに…任せてもらえない状況は苦しいですよね。**教師がまず先に、子どもたちを信頼するのです。

※ちなみに、この学習者マインドが育っている3人の子たちは、夏休み初日に自発的に集まり、夏の課題に取り組みながら、互いの苦手な箇所を教え合って、2学期に備えていました。

孔子でも、学習者の考え方・マインドが備わっていない人に、教えるのは無理でした。**私たち教師がまず注力すべきは、子どもたちの「学ぶ意欲」を育むことです。**

学び方を学ぶ授業～アクション（学習者の考え方・マインド編）

1　教師の考え方をまず変える。勉強させるのではなく、子どもたちが学びたくなる関わりを心掛ける

「勉強なんて退屈だ」と思っている自分にメリットはあるの？

「勉強なんてつまんないよ」

「次の時間、算数かよ。まじで最悪だ」

私は、20代の頃、このような発言が聞こえるたびに、気を落としていました。「もっと授業力を磨かなきゃ」「もっと導入の演出を盛り上がるようにしなきゃ」と自分を責めたものです。

しかし、そのような発言をする子たちが、変わることはありませんでした。彼らは授業で手を挙げるし、時には笑顔を見せることはありましたが、「勉強がつまらない」という考え方は変わりませんでした。彼らは、授業のチャイムが鳴れば、途中であろうが、学習道具を片付け、グラウンドへと駆け出しました。

もしも、過去に戻れるなら、「**教師ががんばって授業を盛り上げる**」のではなく「**その子の勉強への考え方に働きかける**」ことにも焦点を当てるでしょう。

学習に対して「後ろ向き」な発言をする子に対する関わりをいくつか紹介します。

関わり例①　勉強なんて退屈だと思っている自分にメリットはあるの？

人間の脳は、理由を聞かれると、その思考が強化される性質があります。「なんで勉強が嫌いなの？」と聞いてしまうと「だってね、退屈なんだもん」と嫌いな理由がより強固になる可能性があります。そこでおススメするのは、理由を尋ねるのではなく、目的を尋ねることです。

「**勉強なんて退屈だと思っている自分にメリットはあるの？**」

このような質問をすると、子どもは目を丸くして、一瞬考え込みます。その後、私は次のように説明します。

「それでさ、Aさんの気持ちがちょっとでも楽になったり、勉強をがんばったりできるなら言ってもいいよ。ただし教室で大きな声で言うのはやめてね。でも、もし特にAさんにメリットがないなら、試しにネガティブなことを言うのは、やめてみない？」

関わり例②　感じてもいい。でも、使う言葉を変えて、捉え方を変える

あまりにも「ネガティブ禁止！」という指導が厳格すぎてしまうと、その子を否定しているような印象が生まれます。そこで私は、ネガティブに感じるのは人間の元々の性質であり、自然なことだと伝えています。「**ネガティブに感じるのはいいよ。**人間は元々ネガティブに感じやすい性質をもっているんだって。でも、そこから君たちは2つのことを変えることができるよね。何を変えられると思う？　捉え方と使う言葉を変えることができるんだ」

捉え方…算数のテストで50点だとしても、「最悪だ～自分なんてバカだ」ではなくて、「テスト3分前に確認して50点か～次は10分前に確認の時間をとってみようかな」と捉え方を変えることができるよね。

使う言葉…「うわ～遠足がまだ半分の地点しか来ていない。まだ半分も歩くのかよ」と思ったのはOK。でも、そこで使う言葉をネガティブからポジティブへ。「よし、あと半分、歩くのをがんばろう！」「まだまだ楽しい時間が半分も続くぞ！」と使う言葉を変えましょう。**合言葉はネガポジです。ネガティブを感じたら、使う言葉をポジティブに変えよう。**

関わり例③　チームで貢献できる場面を提供する

勉強が嫌いな子どもたちが生まれてしまう原因の一つに、「友だちに貢献できないこと」が考えられます。算数の問題をいつも正解する子は、授業中にたくさん貢献し、認められる場面があります。一方、誤答の多い子は、いつも助けてもらったり、その場をやり過ごしたりする時間が多いので、勉強が嫌いになりやすいのです。

人間の大きな欲求の一つに「人の役に立ちたい」という欲求があります。**学習の中に、誰もが貢献できる場を増やし、他の人の役に立つ機会を提供することで、学習意欲を高め**ます。

学び方を学ぶ授業 ～アクション（学習者の考え方・マインド編）

2　勉強なんて退屈だと思っている自分にメリットはある？と問いかける

3　ネガティブに思うのはいいけど、捉え方や使う言葉を変えてみるよう促す

4　苦手な子でも、チームに貢献できるような場面を用意する

「勉強を終わらせたら、好きなことしていいよ」に隠されたメッセージ

私は、子どもたちに「宿題っていつ、どのタイミングでやっているの？」と質問します。すると次のような返答が大半を占めます。

・宿題が終わったら、ゲームをしてよいことになっています
・帰宅後、すぐに宿題を終わらせます。なぜならYouTubeが見たいからです
・お父さんが帰ってくるまでに終わらせて、帰ったらダラダラタイムにしています

たまにになら構いませんが、これらの状況が日常的になることは、長期的な視点で見ると大きなマイナス要因だと考えています。

マイナスの理由は2つです。

①勉強＝マイナスの考えが常態化するから

②そもそも勉強に終わりがないから

詳しく述べていきます。

マイナスの理由①　勉強＝マイナスの考えが常態化するから

第1章を通じて「勉強は嫌なこと」「我慢してやること」という考え方を変えていくことが、「学び方」の最初の1歩であると主張しています。しかし、先ほどの子どもたちの考え方はどうでしょうか？「嫌な宿題（マイナス）を片付けて、自分の幸せな時間（プラス）を満喫しよう」という考え方になってしまってはいないでしょうか。

これらの考え方の蓄積が「勉強はつまらない」を生み出している可能性は考えられないでしょうか。そのため、**とりわけ「宿題」の扱い方は非常に繊細に扱わなければなりません。**

現在の勤務校では、高学年は「一律のプリント」ではなくて「家庭学習」という形で、個人が自分に必要な学習を考えて取り組むシステムが取り入れられています。

しかし、ここで**繊細に扱うべきは「教師がどこまで把握するのか問題」です。**

「必ず見開きのノートにびっしりと書きましょう」とルール化し、それを徹底するのが一番管理としては容易でしょう。ルールが守れなかった子は、休み時間等に取り組むルールを追加します。以上の2つのルールの徹底により、全員が家庭学習に取り組むようになります。

だがしかし…です。

その背後には、間違いなく「教師の承認を得るために家庭学習をする」要素が含まれてしまうことに目を向けるべきです。

私は常日頃、「**勉強は自分のために行うものであり、自分が成長したいという気持ちで始めたいよね**」というメッセージを子どもたちに伝えています。誰のために勉強しているの？　自分のためだよね？　というメッセージです。

大人が主導権を握る学びではなくて、あくまで主導権は子ども側にあり、教師はそれを支える立場であることを忘れないでいたいものです。宿題に関する取り組みは、保護者とも連携が必要です。学級懇談会で担任の想いを伝え、学級通信などを配付して、教師の意向を明確に伝え、子どもたちに対するサポートを共有しましょう。

マイナスの理由②…そもそも勉強に終わりがないから

学びには、そもそも終わりなどありません。**ゲームをやりたいがために、適当に20分で終わらせた宿題に、どれほどの教育的価値があるでしょうか？**

私は、子どもたちには「学びとは感動すること」だと伝えています。一番わかりやすい感動は「面白い」「気になる」「もっと知りたい」と心が動くことです。その事柄を20分でも真剣に調べ、調べたことを家族や友だちに話したり、ノートにまとめたりしたら、それは立派な学びといえます。

では、「退屈だな」と感じる人もいる計算プリントや漢字ドリルはどうしたらいいでしょうか？「自分の変化に感動する人になりましょう」というメッセージを推奨します。**自分の変化に「喜び」「驚き」「またがんばろう」という心が動く経験の積み重ねが、子どもたちが学習の意義を理解する手助けとなるでしょう。**

学び方を学ぶ授業～アクション（学習者の考え方・マインド編）

5　学びは自分のためにするものであると日々語り続ける

6　自分の変化に感動できる人になろうと語る

「失敗するのが怖い」…考え方を変えていこう

「ミスしたらどうしよう…だから○○したくない」
「間違えたらどうしよう…だから○○したくない」

極度に失敗を恐れる子どもが、クラスの中にいませんか？

その子たちの「なぜ失敗が怖いのか？」という気持ちをしっかりと受け止め、考え方に変化をもたらす必要があります。

①価値観を伝える。毎日継続的に伝える
②失敗した練習をする
③教師が挑戦し、失敗から学んだ経験を具体的に伝える

以上の3ステップで、失敗を恐れない雰囲気をつくり出すことができます。

ステップ1　価値観を伝える。毎日継続的に伝える

私は、よく黒板に左のような図を書きます。

成功は、失敗の先にしかありません。今では当たり前のようにできることも、実は失敗を経てこそできるようになったものなのです。この考え方を子どもたちに語ります。私は我が子の成長エピソードを絡めて、次のように伝えます。

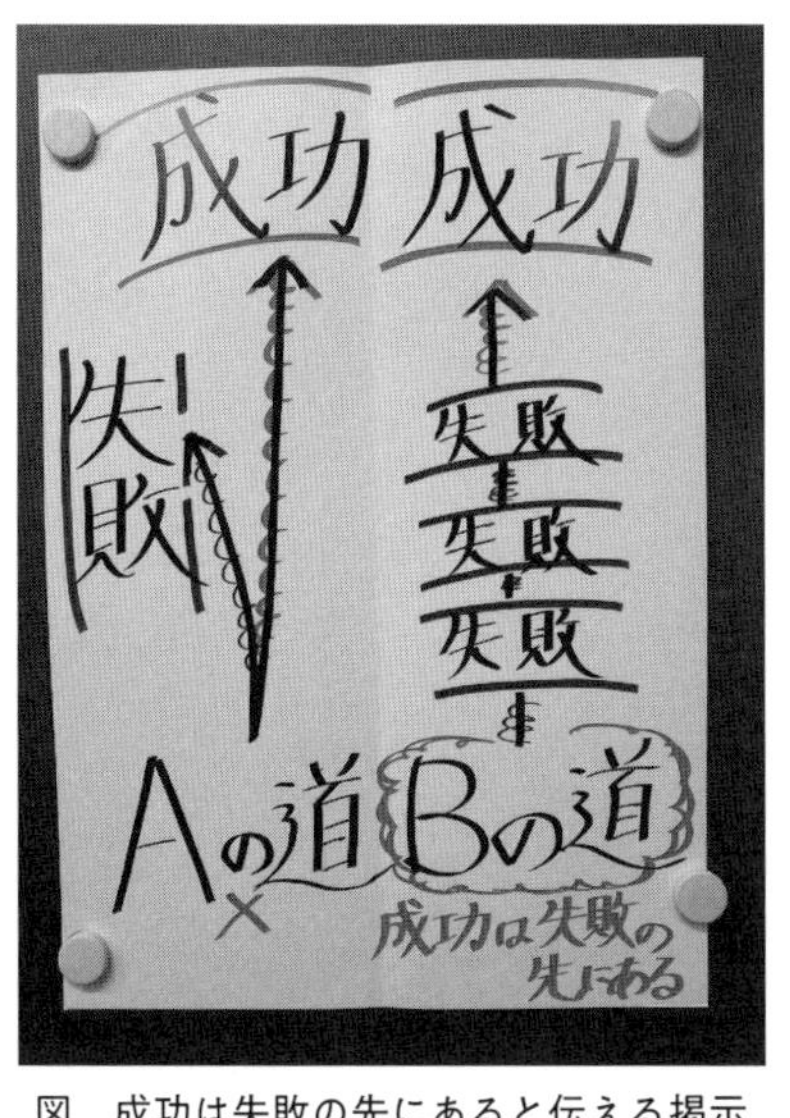

図　成功は失敗の先にあると伝える掲示

語り例

「私の娘はね、最近歩けるようになったばかりで、すぐにドテンと転んでしまいます。昨日は1時間で50回以上転びました。皆さんも、そんな時期を経て、成長しているのです。さて、昨日の鉄棒の授業で、50回も失敗した人はいる？　いないですよね。**できる技だけをやって、できない技にはなかなか挑戦しなくなってはいませんか？**　失

敗は学ぶチャンスなのです。成功は失敗の先にしかありません」

ステップ2　失敗した練習をする

体育の試合でミスをしたり、算数の計算問題を間違えたりすると、過度に落ち込んだり怒ったりする子がいます。こういうときは事前に、「試合でミスをした場合、どう対処すべきか？」を話し合い、具体的なアクションプランを立てておきましょう。そして、そのプランが実行できた際には、大いに称賛しましょう。それも立派な成長なのです。

（例…バスケのシュートを外したときは「ナイストライ」と自分に声をかけ、切り替える）

ステップ3　教師が挑戦し、失敗から学んだ経験を具体的に伝える

教師が率先して、自分も失敗することを語りましょう。過去の出来事だけではなく、現在の話も積極的に伝えていきます。

「先生も、漢字を間違えてしまったね。間違えた漢字は、単語帳に記録しているよ」

「先生の意見が正解ではないんだ。だから、君たちの意見がすごく必要なんだよ」

「先生も昨日、計画を立てていたのに、まったく勉強ができなかったんだ。YouTubeを1時間くらい見入ってしまったよ」

子どもたちに、謙虚さと誠実さを示すことが大切だと考えています。「教師は何でも

知っていて、教師は間違えることがない」という思い込みが強いと、自分の頭で考えなくなってしまいます。教師も同じ人間、共に学びを創るメンバーの一員である姿勢を見せましょう。

学び方を学ぶ授業
～アクション（学習者の考え方・マインド編）

7　失敗と成功の2択ではなくて、失敗の先に成功があると語る

8　失敗したときの練習をする

9　教師が率先して、失敗した姿を隠さず伝える

勉強ができるって、どういうこと？
頭がよいって、どういうこと？

「勉強ができるって、どういうことだろう？」

「頭がよいって、どういうことだろう？」

これらは優れた問いかけです。一度子どもたちに投げかけてみてください。

子どもたちから最もよく出てくる答えは「テストの点数がいいこと」です。
・あの子はいつも100点だから勉強ができる
・私は60点台もよく取るから、頭が悪い
ここは、子どもたちと日々関わる教師の絶好の出番となります。

勉強ができるとは、テストの点数をとることだけではなく、他にもたくさんの側面があることを、心の底から真剣に伝えてください。

[考えよう]
勉強ができるとは、頭がよいとは、どういうことなのか？「テストの点数がよい」以外

の考えを3つ挙げてみましょう（ペンが無い場合、頭の中で3つ言語化してから、次に進んでください）。

① ② ③

寓話3人のレンガ積みの話を交え、「勉強ができるって、どういうこと？」をテーマに考えた学級でのやり取りを紹介します。

建築現場で3人のレンガ積みが働いていました。「何をしているの？」との質問に彼らはこう答えました。

A）レンガを積んでいるよ　B）お金を稼いでいるよ　C）町の大聖堂を作っているよ

なんで、この仕事をしているの？　とさらに質問しました。

A）特にないよ　B）お金を稼ぐため　C）世の中の役に立ちたいのさ

皆さんは3人の登場人物のうち「仕事ができる人は誰かな？」と質問されたら、どのように答えますか？

先生は、仕事ができると思うのはCさんだと考えています。周りから見れば、3人とも同じレンガを積むという仕事かもしれません。しかし、Cさんには「よりよく生きたい」「社会に貢献したい」という目には見えない「考え方」が備わっていますよね。

さて、皆さんの話に切り替えます。「勉強ができるって、どういうことだと思いますか？」

「テストの点数がよい、成績がよい」これは素晴らしいことだと思うし、それを目指してがんばるのも素敵なことだと思います。でも、レンガ積みの話で紹介したように**「自分の人生をよりよくしたい」「将来、誰かの役に立ちたい」「勉強するって楽しい」って気持ちで取り組んでいることも「勉強ができる」ってことだと先生は思います。**

勉強ができるって、どういうこと？　頭がよいってどういうこと？

子どもたちは目に見える部分（テストの点数・成績）を気にしてしまいます。でも、目に見えない部分にも素晴らしいことがいっぱい隠れているってことを、身近な大人が伝えてあげる必要があるのではないでしょうか。

「心で見なければ、ものごとはよく見えないってこと。大切なことは目には見えないんだよ。」（サン＝テグジュペリ）

学び方を学ぶ授業～アクション（学習者の考え方・マインド編）

10 テストの点数以外の物差しを複数もつ

11 勉強の目的は単なる知識の蓄積ではなく、学んだことを人生にどう生かすかを考える問いかけをする

4月に語り続ける「なんのために勉強するのか？」という問い

高学年の子どもたちとの初めての授業。
私は次のように問いかけます。

「正直に教えてくれる？　勉強が嫌いだって人？」

私が実践したすべての場面で、10人以上の子が手を挙げました。1年を終える3月までに、この子たちが「勉強が好き」もしくは「別に嫌じゃないかも」と感じてもらうことが、私の大きな使命だと感じる瞬間でもあります。

「勉強が嫌い、やりたくない」という気持ちが蔓延する学級の場合、「なんのために勉強するのか？」という問いを繰り返し投げかけ、考え、対話を促します。

NHK for Schoolの番組「Q～子どものための哲学」で「なんで勉強しなきゃいけないの？」という放送回があります。苦手な算数に悪戦苦闘するQくんが、そのうち面倒くさくなって鉛筆を放り投げます。そんなとき、Qくんに浮かんだ問い「なんで勉強しなきゃいけないの？」を通じて、登場人物のチッチと、こんな問答が行われます。

Qくん：なんで勉強しなきゃいけないの？
チッチ：なんで勉強したくないと思ったの？
Qくん：僕は勉強が嫌いだから！
チッチ：ほう。なんで勉強が嫌いなの？
Qくん：そりゃあ、つまらないからさ！
チッチ：へえ～。じゃあ、なんでつまらないの？
Qくん：う～ん。役に立たないからだよ！
チッチ：じゃあ、なんで役に立たないと思うの？
Qくん：だって、勉強なんてしなくたって、生きていけるじゃん！　本当はやらなくても、いいものなはずだよ！
チッチ：たしかにそうだ。じゃあ、なんで大人は勉強しなさいって言うんだろう？

Ｑくん：自分が遊べないからって、意地悪で勉強しろって言っているんだよ。ヒドイ話さ。

チッチ：本当にね。でもなんで、そんなヒドイことにＱくんは従っているんだ？（中略）なんで大人に、勉強しなくたっていいんだ〜って言わないの？　そう言ったらママにご飯もらえないの？　パパにグラウンド１００周走らされるの？　それとも手錠をかけられて牢屋に入れられちゃうの？

Ｑくん：そんなことされないよ。大人はそんな悪い人たちじゃないよ。

チッチ：えっ？　だって意地悪なんでしょ？（以後続く）

この放送は二度三度、子どもたちに見せ、直後に自分の頭で考える時間を確保しています。子どもたちから４月当初に出た考えを一部紹介します。

・勉強をすることで、多くの人が喜んでくれるのでがんばっています。テストで高い点数をとると、お母さんや先生も喜んでくれるし、友だちも「すごいね」と言ってくれるからです。

・僕は、将来困らないために勉強しています。お仕事に就けないとお金ももらえないし、そうしないと楽しくないからです。

・中学受験を考えているので、勉強をがんばっています。中学校に合格したら、やりたい部活や、受けてみたい授業があるので、合格できるようにがんばっています。

・なんで勉強するかは、考えたことがありませんでした。自分はこれまで嫌々やっていて、Qくんと同じ考えをしていたから、ちょっと考え方を変えてみたいです。

「勉強が嫌いでやりたくない」と感じている子も、内心ではプラスの考え方に変わりたいと思っています。勉強に関する問いを投げかけ、自分の生き方について考える機会を提供していくことが大切です。

学び方を学ぶ授業〜アクション（学習者の考え方・マインド編）

12. なんのために勉強するの？　と問いかける

13 子どものための哲学「なんで勉強しなきゃいけないの？」を見て、考える時間を設ける

コラム1

社会人の平均勉強時間をあげるミッション～6分から15分へ～

私には、教育現場で達成したいミッションがあります。それは、「社会人の平均勉強時間」と「社会人でも勉強を続ける人」を増やすことです。

総務省の「令和3年社会生活基本調査」のデータを参考にすると、10歳以上の平均学習時間（学業除く）を細かく見ることができます。図をよく見てください。ピークは受験期を控える15歳～19歳で、20代からは半分ほどに減少。そして、30歳以降はすべての年齢層で10分以下となっています。さらに詳細なデータを見れば、学業や仕事以外に時間を割いて勉強する人の割合は100人中9人しかいないことがわかります。

現代は人生100年時代と言われ、学生時代の学びの蓄えを100歳まで活用していくのは不可能です。

教育現場から「学び続ける人」を育てていきたいと考えています。そのためには、次のような変革が必要です。

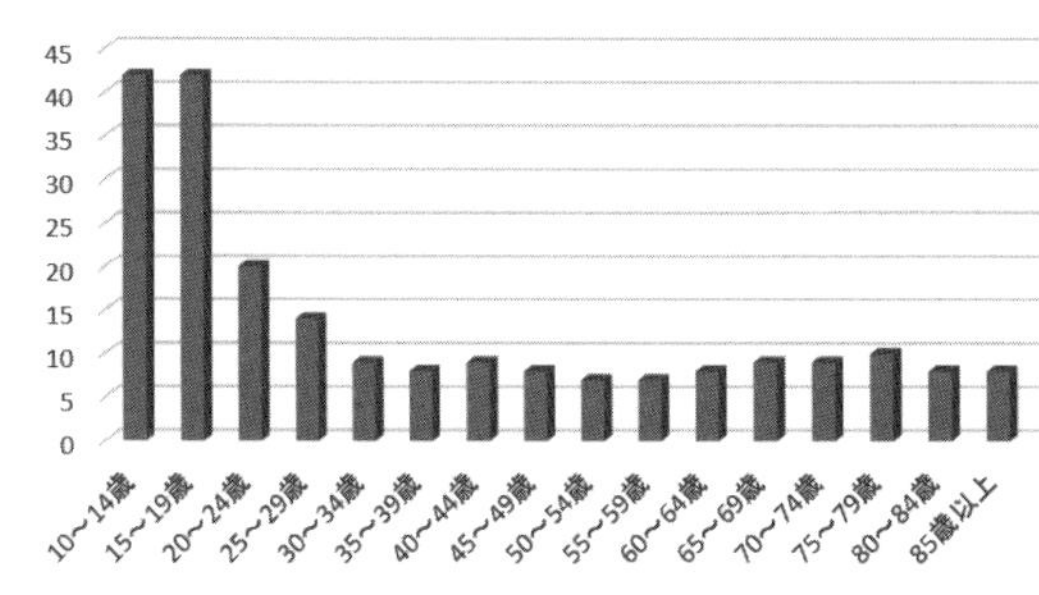

図　総務省「令和３年社会生活基本調査」

大人から言われた勉強課題をこなすのではなく、自ら学びを求める姿勢を養う

受け身の考え方は小学校時点で卒業し、主体的に勉強する力を育む必要があります。

これは容易なことではありません。

しかし、ミッションが実現した未来はより輝かしく、魅力的です。

私は今日も、子どもたちに働きかけ、学びを楽しむ姿勢を育むために最善を尽くすつもりです。

第2章

計画を立てる力を学ぶ授業

左の写真（Aさんの家庭学習ノート）をご覧ください。

Aさんは、週はじめの家庭学習では、必ず計画を立てて1週間を見通す時間をとっています。

Aさんの工夫①

翌週の時間割を見て、1週間単位で見通します。自分に必要な勉強内容を検討しています。

Aさんの考え

金曜日に漢字テストがある。水曜日までに、テスト範囲の漢字ドリルを終わらせることにしよう。木曜日の家庭学習の時間には「テスト演習」を行えば準備は万全だ。

Aさんの工夫②

1カ月単位、あるいは1年以上の単位での成長も見通しています。

Aさんの考え

今は6年生の5月だけど、中学校入学までに「英語を話す力」を身につけたいと思っている。水曜日を「英語学習の日」とし、週2時間の外国語の授業も英会話学習に結び付けながら、学んでいきたい。

計画を立てる力が養われると、日々の学びが作業になりにくいとAさんの学ぶ姿勢から実感します。今自分が取り組んでいる勉強が「未来の自分に繋がっている」と感じられ、学習へのモチベーションも維持できます。

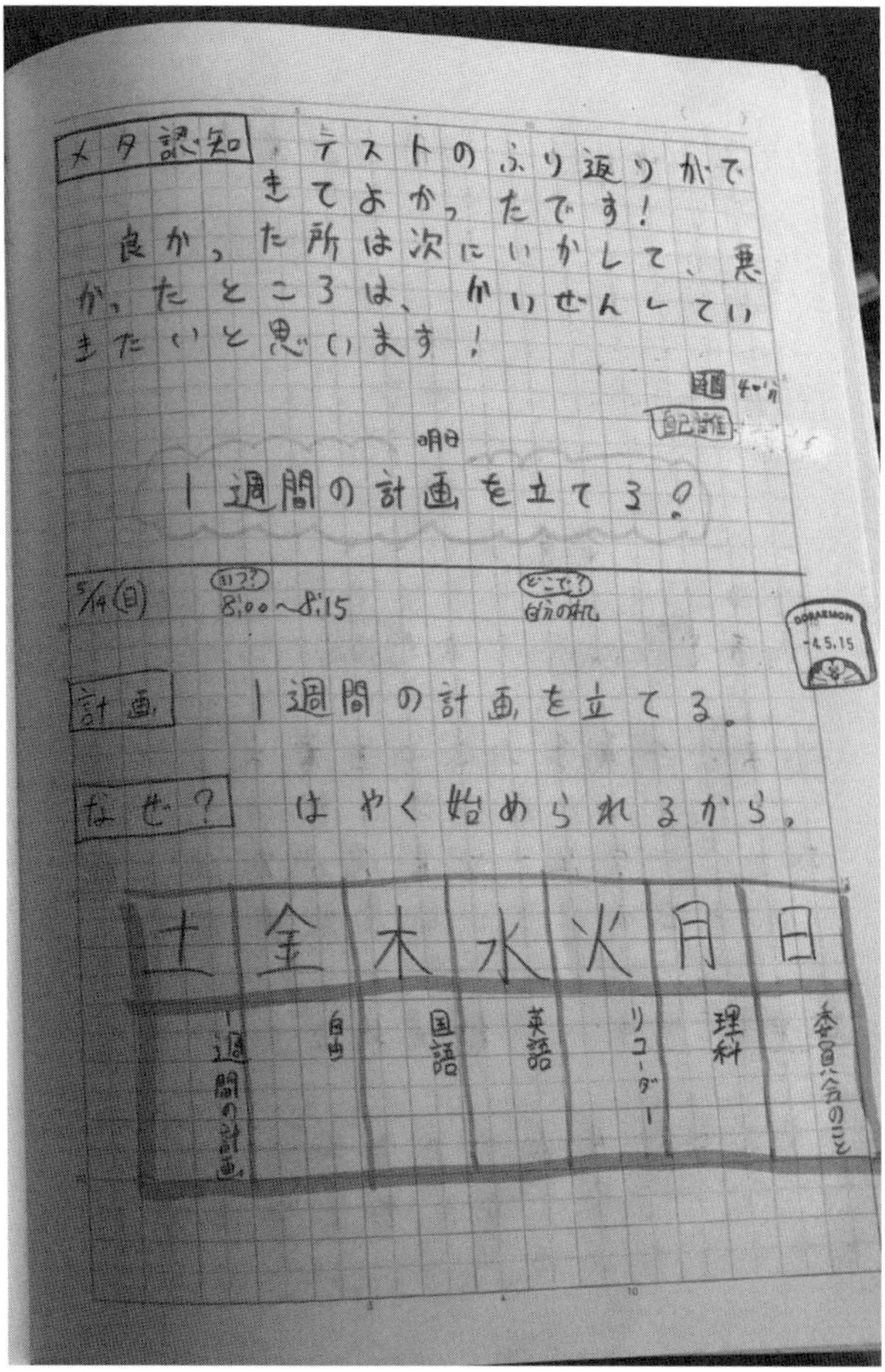

Aさんの週はじめの家庭学習ノート

Aさんのように、自分の未来を主体的に築くために、計画を立てる力は極めて重要です。本章では、どのように「計画を立てる力」を授業で学ぶのかをお伝えします。

なぜ授業で「計画を立てる力」が身につかないのか？

そもそも「計画を立てる場面」を学校の授業の中で、どのくらい取り入れていますか？

私が20代の頃、恥ずかしながら授業中に計画を取り入れていた場面はほとんどありませんでした。

・宿泊学習の計画
・行事の発表会に向けての計画
・夏休みの過ごし方の計画

年に数回の非日常の場面で「計画を立てよう」と指示していたことはありましたが、日々の国語や算数の授業では、ほとんどそのような場面を設けていませんでした。

「計画を立てる力」は**「計画を立てる経験」を積まないと鍛えられません。**夏休みのたびに「失敗した…もっと計画的にやっておけばよかった…」と後悔する子どもが溢れてしまうのも、年に数回しか「計画を立てる経験」を積んでいないからかもしれません。

それでは、**なぜ学校の授業では「計画を立てる場面」が少ないのでしょうか。これは私たち教師が「1時間単位の授業」を積み重ねているからです。**

「今日の学習のめあては○○です」

このような「45分完結型」の授業ばかりを私もしていました。たとえ国語の8時間単元の授業であっても、毎回「今日のめあて」を提示したり誘導したりしていました。これでは「計画を立てる必要性」も生まれません。15分程度の行動計画を立てるなら、即座に行動を開始するほうが合理的だからです。

では、どうしたら「計画を立てる必要性」が生まれるのでしょうか。

それは、もっと長い時間を子どもたちに任せることです。

私の著書『超具体！自由進度学習はじめの1歩』(東洋館出版社)では、長い単元だと10時間以上を子どもたちに任せる実践を紹介しています。子どもたちはそうした長期間にわたる責任を担うことで、「計画を立てる必要性」を自覚し始めるのです。

C：金曜日には友だちと交流したいから、火曜日と水曜日で、発表原稿を仕上げよう。

6月のカレンダー

日	月	火	水	木	金	土
			家でプレテスト100点の力がある状態にする	熟語強化の木曜日	10問漢字テスト	
					10問漢字テスト 半分まで終わる。終わってなければ土日に取り組む	
				ここまでにドリル終了	10問漢字テスト	セルフチェック 親にも見てもらう
	漢字ドリル締切				10問漢字テスト	

目標
100点はしっかりと取り切る。熟語も合わせて学び、200点を目指したい。
先月は、最後の方に溜まってしまった。中盤に1回、自分で締切ラインを作る。

子どもたちが１カ月を見通す「マイカレンダー」

C：テストが近づいているから、今日はテスト勉強をしよう。

計画を立てる場面を生み出すために、長い時間を学習者に委ねる必要があります。

「長時間、子どもたちに任せることは、無理」。そんな声も聞こえてきそうなので代替案を提示します。

任せる時間は短くてもいいです。しかし、少し先の未来を見据えるように関わりましょう。たとえば、国語の最初の5分間を「漢字のレベルアップの時間だよ」と子どもたちに、任せてしまうのも効果的です。任せる際、次のような問いを投げかけ、計画を立てる意識を高めましょう。

T：金曜日に漢字10問テストがあるよ。何点を取りたいかな？

T：漢字ドリルの34ページまでを来週月曜日に提出だよ。今の進み具合はどうですか？

Ｔ：マイカレンダーを見てごらん。今月は４回の漢字テストがあります。目標達成のために、どんな行動が必要かな？

期間を長く示し、目標を設定することで「計画を立てる必要性」を生み出します。

学び方を学ぶ授業～アクション（計画を立てる力編）

14　長い時間を子どもたちに任せる授業を取り入れてみる

15　少し先の未来を提示し、そこに到達するために、どのように行動するか問いかける

計画を立てるメリットを伝える～If then plan（イフゼンプラン）～

「**計画を立てたら、どんなよいことがあるのか**」をしっかりと伝えていきましょう。

いくつもの計画術を取り入れましたが、子どもたちにとっても理解しやすく、定着しやすい「計画術」の1つにIf then plan（イフゼンプラン）があります。

ニューヨーク大学の行った実験では、**目標達成するための行動を「いつ、どこで、どのように行うか」事前に計画しておくだけで、目標達成率が40％**も上昇したとのことです。

「もし～なら、そのときに～する」と事前に決めておくのです。初めのうちは、左のようなワークシートを使って記入してもらいますが、少しずつ慣れてくると「イフゼンプランを立ててね～」と声をかけるだけで、自然と計画を立てられるようになります。

よい習慣づくりに使われることが多い「イフゼンプラン」ですが、「悪い習慣を自分で改善する」場面にも大いに役立ちます。

WOOPの計画

Wish（願望は？）

①算数の単元で、友だちにヒントを出したり、助けたりする立場になりたい

Outcome（結果は？）

②友だちから「ありがとう」って言われる
テストの結果もよくなると思う

Obstacle（目標の妨げになりそうなものは?）

③わからないときに、「もうわかんない」と投げ出してしまうこと

Plan（計画）

④わからなくなったら、人に聞く。動画教材を見直す
⑤わからないをそのままにしないで算数を学ぶ

WOOPの計画

Wish（願望は？）

①あなたが成し遂げたい目標は？
※難易度設定が重要、自分の力でできるもの

Outcome（結果は？）

②その目標を達成した時にどうなる？
※具体的に達成後の自分をイメージしましょう
テストの結果もよくなると思う

Obstacle（目標の妨げになりそうなものは?）

③目標達成の邪魔になりそうなものは？
④実際にそれが起きた時はどうする？

Plan（計画）

④実際にそれが起きた時はどうする？
⑤どうすれば目標が達成できる？
※if then plan（イフゼンプラン）を活用しましょう

図　「イフゼンプラン」を活用したワークシート

学習者主体の授業において「集中できない」「真剣に取り組めない」「提出物を守れない」といった問題に直面する子どもがいますが、これは「悪い習慣」が染みついている結果です。その「悪い習慣」は教師の注意で一時的には収まりますが、自己改善の意志がない限り、すぐに再発します。

「先生から注意されるからやめる」状況は「先生がいなくなったらやる」と同義です。

友だち同士の監視体制を強化する方法もありますが、それは筋がよくないアプローチだと考えています。あくまで、自分のアタマで考えて「悪い習慣を取り除く力」を学校教育の中で育みたいと考えています。

C：算数の授業に集中できない

T：**その原因となる「悪い習慣」は何だと思う？**（考えるように促す）

C：算数の問題がまったくわからなくて、いつも友だちから「ちがうよ」と言われるのが辛い

T：**（かけ算の九九から苦戦している事実を提示する。対策を共に考える。）**

C：毎日10分でも九九を学び直す時間をとったら少し算数が楽しくなるかな？

T：**じゃあ、家で九九の練習をするのはどうかな？**

【イフゼンプラン】家で歯磨きのとき「九九の歌」を聞く（保護者にも協力を促す）

C：提出物の締切を守れない。いつも取りかかりがギリギリになってしまい、焦っていると「もうどうでもいいや…」となってしまう。遅れると、先生から出すように言われてイライラしながらやっているので悩んでいる。

T：では、根本的な「悪い習慣」はどこだろう？（考えるように促す）

C：いつもギリギリになってしまうことが原因。早めに取りかかれる方法はないかな？

T：早い子だと、レポート用紙をもらったその日にスタートしていたよ。

【イフゼンプラン】 レポート用紙をもらったらすぐ「名前」と「見出し」を書く

対話をしながら、子ども自身にイフゼンプランを立ててもらうのが、重要です。もし達成できたら、教師は子どもよりも喜びましょう。

学び方を学ぶ授業 ～アクション（計画を立てる力編）

16 イフゼンプランを授業に取り入れる。よい習慣を増やしたり、悪い習慣を改善するサポートをする

「ちょっとがんばればできそうだな～」って計画がよい

学習者が自ら計画的に設定した目標を成し遂げようとする主体的な学習のあり方が、自己調整学習（Schunk, 2007）であるならば、**子どもたちが計画を立てたり目標設定をしたりする営みが日常**であることが重要です。

子どもたちの計画する姿を観察していると、計画をせっかく立てたのにもかかわらず「2つの失敗」によって意欲を失っている場合が多いです。

よくある失敗ケース①　計画が曖昧すぎる

夏休み前、めあての欄。何の関わりもないと「算数をがんばりたい」とか「漢字を得意にしたい」という抽象的すぎる言葉が並びます。対策としては、具体的な目標を設定するように事前指導を徹底しましょう。**数字を入れる（ナンバー法）、いつ・どこで・誰が・**

何を・どうやってやるか考える（5W1H法）など、具体的な方法を示し、子どもたちが曖昧な目標設定で終わらないように支援しましょう。曖昧なめあてでは、周りからのフィードバックや称賛が得られないというデメリットも伝えましょう。計画は自分自身のために、具体的に立てます。「**計画は？　具体的に！**」**を学級の合言葉としましょう。**

よくある失敗ケース②　計画が厳し過ぎる（または緩すぎる）

立てた計画が、本人の能力とかけ離れている場合、支援が必要です。このケースを放っておくと、勉強が嫌いになったり、自己評価が低下したりする可能性があるため、丁寧に対処しましょう。計画を立てた本人を否定せず、次のような対話を通じて計画を修正するよう励まします。

T：今週の金曜日には、漢字20問テストをランダムでやりますよ。今は月曜日です。どのようにしてテストに臨みますか？　3分、ノートに計画を書き出してみましょう。

C：90点以上取りたい！　毎日1時間やる！

T：おっ！　意欲があって素晴らしいね！　その気持ちがまずは大切だよ。でも毎日1時間は、少しハードルが高くないかな？　できたら素晴らしいけど、それはかなりの挑戦だよね。家庭学習表を見せてくれる？

図　計画が厳しすぎる失敗例

C：ありがとうございます。はいどうぞ。

T：ここ1カ月間の平日の平均勉強時間は、だいたい15分ほどだよね。それを毎日1時間にアップさせることは、いきなり4倍の時間を勉強に充てることになるよ。

C：そうですね…

T：では、1つの案として、30分の勉強時間を確保する計画を立ててみて、それがうまくいけば1時間に増やすって計画はどうかな？　これでも今までの2倍のがんばりが必要だよ。

C：そうですね。それで、やってみます！

T：これで勉強時間を確保して、90点以上取れたら教えてね。あと、30分の時間をどうやって確保したらいいか、作戦も考えておこうね。

このような対話をするだけでも、一人の子に3分ほどかかります。でも、このやり取りで計画を立てる力のヒントを掴んでくれるなら、貴重な3分です。

子どもは、「やるぞ！」って気持ちになると、現状と離れた目標を立てがちです（図）。

その目標が達成されないと「やっぱり自分は無理だ」と感じてしまうことがあります。子どもの意欲を認めつつ、適切な行動計画を立てられるよう導きましょう。

学び方を学ぶ授業～アクション（計画を立てる力編）

17　具体的な計画がよいことを教える

18　計画が厳しすぎる子に対しては、現状の事実を丁寧に提示する

逆算思考

「どんな計画を立てたらいいか、わかりません」

という疑念に直面することは、計画を立てる習慣を身につける過程でよくあることです。

この場合、次なるアプローチとして「逆算思考で考えてみよう」とアドバイスします。

そもそも逆算とは、小学校の算数でも出てくる計算方法なので、子どもたちにも理解しやすいでしょう。

たとえば、4＋□＝12の問題を考えてみましょう。この場合、12から4を引く計算を行うことで、□の値が求まります。

要するに、**逆算思考は、ゴールから逆向きに計画を立てるという思考法**です。

大人であればよく用いる考え方かもしれませんが、子どもたちの多くは、この考え方を知りません。教えてあげることが大切です。

逆算思考はとてもシンプルで、次の3つのステップから成り立っています。

① ゴール・目標を設定する（すでに設定されている場合は、確認する）

たとえば、漢字50問テストに向けて、「勉強してほしい」と思う先生は多いのではないでしょうか。では、最初にすべきことは何でしょうか。「勉強しなさい」と言うことでも「80点以下は再テストです」と言うことでもありません。**最初にするべきことは、「子どもがゴールまたは目標を設定する」ことです。**

目標が決まっている場合は、次のようになるべく早い段階で確認しましょう。

T：5時間単元です。5時間目にはスピーチをしてもらいます。その際、説得力のある資料を提示しながら、スピーチできる姿が君たちのゴールです。では、一緒にがんばっていきましょう。

難しいのが、ゴール・目標が決まらない子への関わりです。この場合、その子に寄り添い「適切な目標を設定」できるよう関わりましょう。具体的で達成可能な目標を、その子の特性・性格も合わせながら一緒に考えましょう。

② そのゴールから逆算をし、何をすべきか明確に書き出す

適切な目標設定ができたら、目標に向けて何をしたらいいか書き出すように伝えます。

（例）目標→1週間後の漢字50問テストで、95点以上を取りたい。
逆算思考→まずは現時点でどのくらい取れるのか把握する。まずはテストを個人で取り組んでみる。

③ 書き出した項目に順番に取り組む（時間が限られている場合、優先順位をつける）

時間は有限です。子どもたちは勉強の他にも、やりたいこと、やらなきゃいけないことを抱えています。優先順位も書き出すように促しましょう。

（例）実践→何をすべきかのリストに優先順位を示す番号（①②③など）を書き出す。
目標→漢字50問テスト95点以上

・現時点で何点取れるか把握する ①
・間違えた漢字を練習する ②
・2回目のテストを受ける ③
・2回目に間違えた漢字を練習する
・3回目のテストを受ける

ゴールを設定することで「何をすべきか」が明確になります。明確になった行動を書き出し、どの順番で取り組むか考えるよう促し、計画する力を高めます。

学び方を学ぶ授業～アクション（計画を立てる力編）

19　逆算思考をクラスで試してみる

20　計画を立てる際は、頭の中だけでなく、書き出すことを奨励する

プランAとプランB

「友だちから話しかけられて、予定まで終わりませんでした」

「予想以上に難しくて、まったく進みませんでした」

子どもたちは、計画を立てて順調に実行できるときもあれば、進展しない場面も経験します。**計画の実行がうまくいかない子へのアプローチとして「代案を立てよう」というアドバイス**が効果的です。

心理学博士のイ・ミンギュさんは著書『後回しにしない技術』の中で、代案であるプランBを考えておくことの重要性について次のように述べています。

> 天気を選ぶことはできない。だが、雨が降ればジョギングの代わりにマンションの階段を上り下りするという代案を選ぶことはできる。面接官の質問を選ぶことはできない。だが、予想される質問と答えをつくっておくことはできる。お客を選ぶことはできない。だが、うるさいお客を予想して対策を立てておくことはできる。デートを申し込むとき、相手の答えを選ぶことはできない、だが、相手の反応を予想して、断

られたときの対策を用意しておくことはできる。あなたの身に起こることを自分で選ぶことはできない。だが、起こりそうなことを予想して、対策を立てることはいくらでもできる。

まずは、子どもたちにはプランAを立てて、実行することを奨励します。しかし、同時にプランBも用意しておくよう働きかけましょう。

学校の授業において、子どもたちの計画実行を妨げる主な要因は次の3つです。

①学習からの逸脱（おしゃべり、脱線、過度な寄り道）
②課題の難易度による障害
③集中力の低下、飽き

これらの要因が、計画の順調な実行を妨げています。

この可能性を考慮して、プランBの「もし~だったら、○○する」の前述したイフゼンプランの方式を活用し、代案を立てる習慣を育てていきましょう。

私は主に、2つの方法で「プランB」を導入し、計画の柔軟性を促しています。

①計画シートに、プランBを最初から記載する

次のページのワークシートを見てください。

このように、最初から、プランBの欄を設けておくと、意識的に代案を考える訓練がで

３０分間で、勉強の邪魔（じゃま）になりそうなことはある？そうなったら、どうする？

□むずかしくて、イヤになったら？→（対策）

□集中力がなくなってきたら？→（対策）

□ねむたくなってきたら？→（対策）

□おしゃべりしたくなったら？→（対策）

□飽きてきたら？→（対策）

【メタ分析…勉強の振り返りを書こう】

ワークシートに、プランＢを記載した例

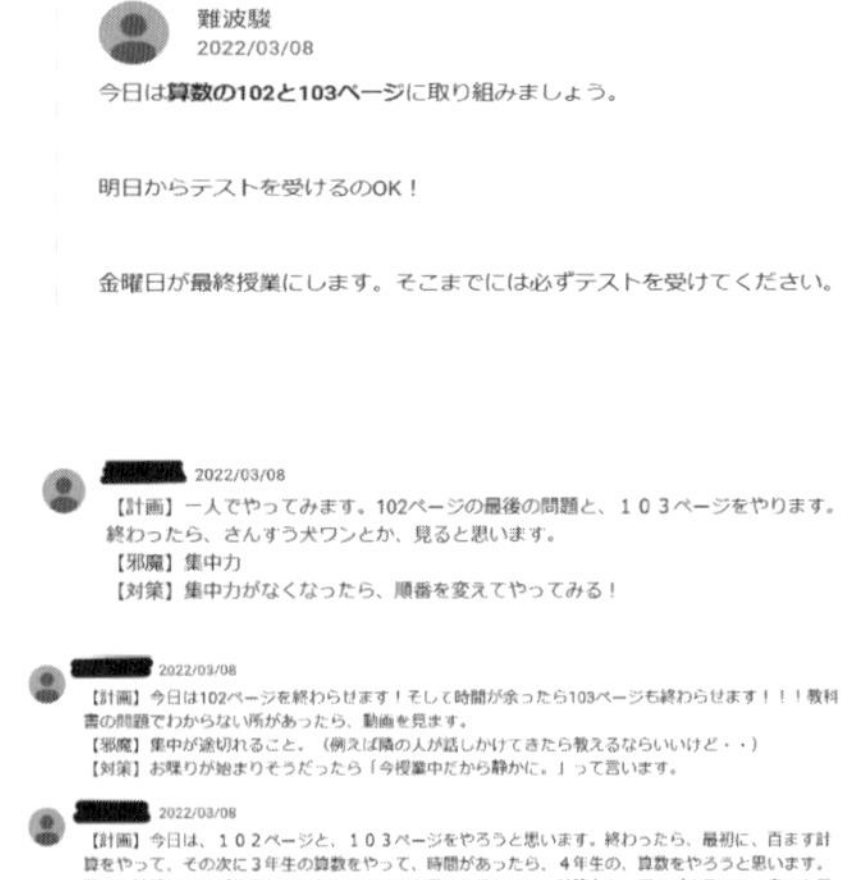

難波駿
2022/03/08
今日は**算数の102と103ページ**に取り組みましょう。

明日からテストを受けるのOK！

金曜日が最終授業にします。そこまでには必ずテストを受けてください。

2022/03/08
【計画】一人でやってみます。102ページの最後の問題と、１０３ページをやります。終わったら、さんすう犬ワンとか、見ると思います。
【邪魔】集中力
【対策】集中力がなくなったら、順番を変えてやってみる！

2022/03/08
【計画】今日は102ページを終わらせます！そして時間が余ったら103ページも終わらせます！！！教科書の問題でわからない所があったら、動画を見ます。
【邪魔】集中が途切れること。（例えば隣の人が話しかけてきたら教えるならいいけど・・）
【対策】お喋りが始まりそうだったら「今授業中だから静かに。」って言います。

2022/03/08
【計画】今日は、１０２ページと、１０３ページをやろうと思います。終わったら、最初に、百ます計算をやって、その次に３年生の算数をやって、時間があったら、４年生の、算数をやろうと思います。百ます計算は、なぜやるかというと、とっても早くなりたいし、計算力を、アップするのに、良いと思うからです。３年生の算数は、もう、４年生になるので、復習を、しておいて、しっかり三年生の勉強をバッチリにして、４年生になりたいからです。４年生の算数は、公文で、４年やっているので、先に予習しておきたいです。なので、やります。
【邪魔】「え？どういうこと？」や、「.....」や、「・・・分かんない」って、分かんなくなる可能性ありです。(なくは、ない。)あまりないけど、あるときは、ありそう。
【対策】一回、その問題を飛ばして、丸付けするときに、答えを見てから、動画を見る。そしたら、分かると思う。それでも分かんなかったら、友達に聞く。

プランＡとプランＢを全員に公開した授業例

きます。

プランA実行中に突発的な問題が発生した場合を事前に予想し、その対策を立てておくだけで、計画実行の効果が高まります。書いたワークシートは、机に貼っておくと、教師もサポートしやすくなります。

②クラス全員に「プランB」を公開する

全員に公開される場でプランBを宣言しましょう（右下の図）。自分の計画が他の人に見られていると感じることで、集中力や実行力が向上します。計画の実行がうまくいかない授業が続いたときは、全員にプランBまで公開するよう促しましょう。

学び方を学ぶ授業～アクション（計画を立てる力編）

21　計画を立てたら（プランA）、代替案（プランB）も立てるよう伝える

22　クラス全員に見えるような形で、学習計画を立てる授業を取り入れる

最優先事項を考えよう

スティーブン・コビー博士は過去200年間の文献を研究し、長期に渡り、望む結果を得られる原則をまとめた『7つの習慣』（全世界4000万部、国内250万部販売）の第3の習慣として「最優先事項を優先せよ」と提唱しました。

限られた時間の中で、自分自身が何に時間を使うかを考えることは、学ぶ力の中でも非常に重要な力です。一部では「子どもは時間がたくさんあるから大丈夫」という声も聞かれますが、私が見ている子どもたちはとても忙しそうです。塾や習い事に加え、遊びたいこと、やりたいゲームなど、やることが山積みです。その上、勉強もがんばりたいと思うと、最優先事項を考える訓練は小学校時代から積み重ねるべきでしょう。『超一流の手帳はなぜ空白が多いのか？』の著者である高塚苑美さんは、『7つの習慣』でも有名な4象限マトリクスを活用して、左の図のようにスケジュールを組む方法を提案しています。

高塚氏の提案も伝えつつ、4象限マトリクスを実際に子どもたちが作成する授業が非常に効果的です。子どもたちが4象限マトリクスを作成する際に、注意すべきポイントが2つあります。

① 子どもたちにとって、第3領域のイメージが湧きにくいため、この領域は気にしなくてもよい。

子どもたちに4象限マトリクスの例を示し、実際につくってみる機会を提供します。子どもたちには作成後に35分間、自分で「学ぶ内容」を自由に選ぶ時間を設け（独学の時間

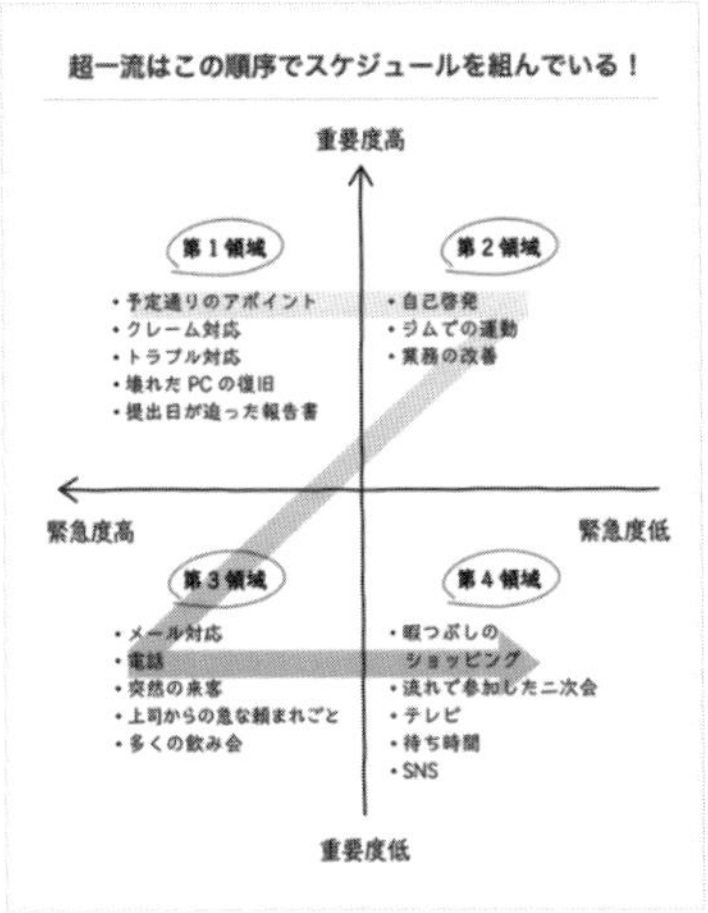

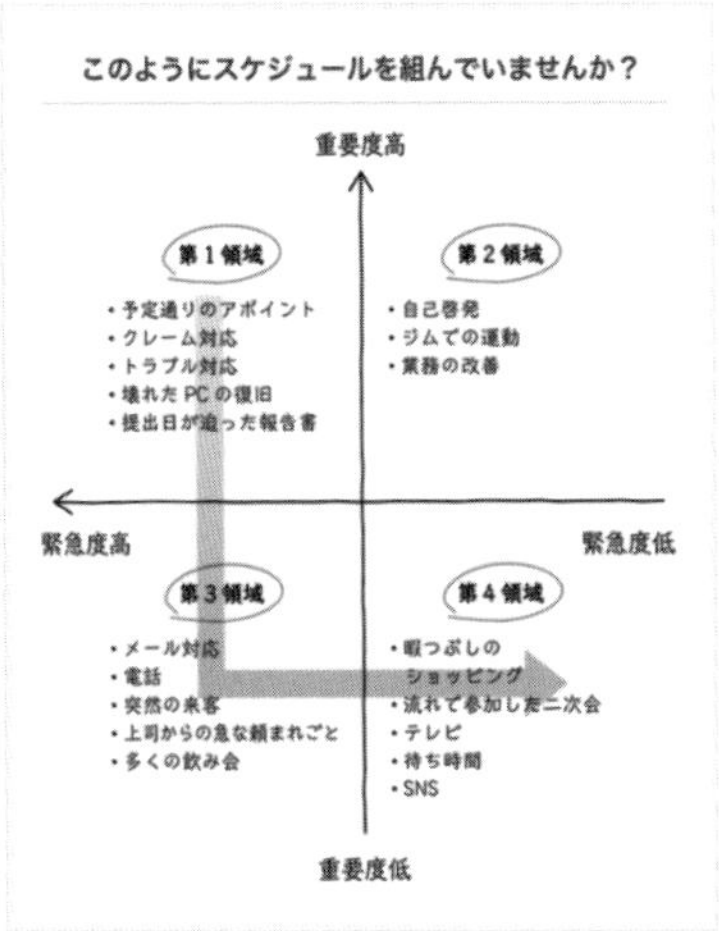

超一流はこの順序でスケジュールを組んでいる！

重要度高

第1領域
・予定通りのアポイント
・クレーム対応
・トラブル対応
・壊れたPCの復旧
・提出日が迫った報告書

第2領域
・自己啓発
・ジムでの運動
・業務の改善

緊急度高　緊急度低

第3領域
・メール対応
・電話
・突然の来客
・上司からの急な頼まれごと
・多くの飲み会

第4領域
・暇つぶしのショッピング
・流れて参加した二次会
・テレビ
・待ち時間
・SNS

重要度低

このようにスケジュールを組んでいませんか？

重要度高

第1領域
・予定通りのアポイント
・クレーム対応
・トラブル対応
・壊れたPCの復旧
・提出日が迫った報告書

第2領域
・自己啓発
・ジムでの運動
・業務の改善

緊急度高　緊急度低

第3領域
・メール対応
・電話
・突然の来客
・上司からの急な頼まれごと
・多くの飲み会

第4領域
・暇つぶしのショッピング
・流れて参加した二次会
・テレビ
・待ち時間
・SNS

重要度低

『超一流の手帳はなぜ空白が多いのか？』特設サイトより抜粋

重要度が高い

必須 / 前進 / 浪費

第1領域
・委員会活動の進行準備
・理科、レポート提出
・水曜、算数テスト

第2領域
・算数、計算速度を上げる
・英語の語彙数を増やしたい

第3領域

第4領域
・タイピングゲーム
・お絵描きアプリ

緊急度が高い / 緊急度が低い

重要度が低い

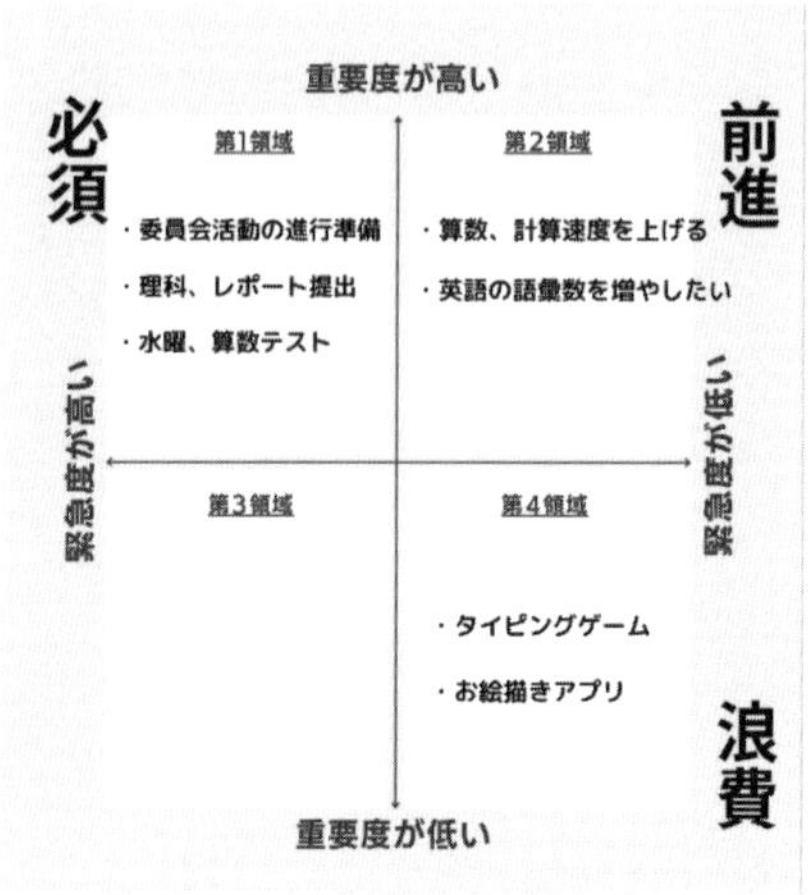

子どもに示す４象限の例

と呼んでいます）、実際に「時間の使い方」を試す時間もとると、より効果的です。

子どもたちは、第3領域（緊急だけど重要ではない領域）の概念が理解しにくいことが多いため、無理に導入する必要はありません。大人であれば、「成果には繋がりにくいが、やらなきゃいけない仕事」みたいなイメージがつきますが、子どもたちにとっては、すべてが学びに繋がるとも考えられるので、「第3領域は考えなくてもいいよ」と伝えています。

② 第４象限が悪いわけではないと強調する。あくまで「節度」の問題であると伝える。

4象限マトリクスを作成すると、どうしても第4領域の「浪費の部屋」が悪いことのように受け取られることがあります。しかし、お金などと同じで、あくまで「節度」「優先順位」の問題であることを補足しましょう。

たとえば、タイピングゲームを楽しむことは悪いことではありません。「この時期は、タイピング力を向上させる時期だ」「30分がんばったから、タイピングゲームで少し休憩。残りの時間も集中しよう」などと目的をもっているかもしれません。

・なんとなく暇だからやろう。

・算数が面倒だから、タイピングゲームをしよう。

という消極的な選択ではなく、自分のために、自分の人生をよりよくするための主体的な選択ができているか、観察しましょう。

学び方を学ぶ授業～アクション（計画を立てる力編）

23 優先事項を考える「4象限マトリクス」のつくり方と考え方を教える

24 子ども時代の楽しい経験は大切。第4象限が悪いわけではないことも補足する

コラム2

勉強に関する本を100冊読み、勉強に関する動画を20本視聴し、浮かび上がった共通語

私は本を執筆する際、「自分の経験だけの視点」に偏らないよう心掛けています。私は研究者でも評論家でもありません。今日も子どもたちと6時間授業を行っている公立学校の一教員です。したがって、私の示す事例は、現場で起きたことばかりです。しかし、現場で起きたことの発信だけでは、読者の方に疑問を抱かせるかもしれません。そうならないよう、できる限り多くの書籍を読んで、それを補完しようと努めています。

今回、「学び方」に関する本を執筆するにあたり、「勉強法・学び方」に関する本を100冊読みました。YouTubeにもたくさんの「勉強法・学び方」に関する動画があったので、20本視聴しました。

これらの書籍や動画から、著者や発信者たちが共通して強調していた言葉を抽

出しました。

私一人が大切だと言っているのではなくて、多くの人も大切だと言っているとわかれば、自信をもって本書の内容をお伝えすることができると考えています。

本コラムでは私が読んだ本、見たYouTube動画、そこから頻出していた語句を名詞・動詞・形容詞に分けてカウントした結果をお伝えします。

本書執筆のために読んだ100冊の書籍

（1）『一生使える勉強法―勉強本100冊のベストセラーを1冊にまとめた』金川顕教　総合法令出版

（2）『勉強が面白くなる瞬間 読んだらすぐ勉強したくなる究極の勉強法』パク・ソンヒョク　吉川 南（翻訳）　ダイヤモンド社

（3）『マンガでわかる 東大勉強法』西岡壱誠　幻冬舎

（4）『夢を叶えるための勉強法』鈴木光　KADOKAWA

（5）『勉強大全：ひとりひとりにフィットする1からの勉強法』伊沢拓司　KADOKAWA

（6）『7日間で突然！ 頭が良くなる超勉強法』【ドラゴン桜公式副読本】桜木建二　SBクリエイティブ

（7）『最短の時間で最大の成果を手に入れる 超効率勉強法』メンタリストDaiGo 学研プラス

（8）『進化する勉強法：漢字学習から算数、英語、プログラミングまで』竹内 龍人 誠文堂新光社

（9）『東大医学部在学中に司法試験も一発合格した僕のやっているシンプルな勉強法』河野玄斗 KADOKAWA

（10）『マンガでわかる けテぶれ学習法』葛原祥太 KADOKAWA

（11）『脳科学が明かした！ 結果が出る最強の勉強法』スタンフォード大学ＯＨＳ校長が教える「超効果的頭の使い方」』星友啓 光文社

（12）『1日30分を続けなさい 人生勝利の勉強法55』古市幸雄 マガジンハウス

（13）『頭のよさとは何か』中野信子・和田秀樹 プレジデント社

（14）『２０４０教育のミライ』礒津政明 実務教育出版

（15）『子どもの「やりたい！」を自律した学びにつなげる「学びのミライ地図」の描き方』山本崇雄 学陽書房

（16）『塾へ行かなくても成績が超アップ！ 自宅学習の強化書』葉一 フォレスト出版

（17）『親子で一緒にやるからできる 中学生の勉強大全』道山ケイ 主婦の友社

（18）『「やる気」を科学的に分析してわかった小学生の子が勉強にハマる方法』菊池洋匡・秦一生 実務教育出版

(19)『世界に通用する子どもの育て方』松村亜里　WAVE出版
(20)『「しつけ」を科学的に分析してわかった小学生の子の学力を「ほめる・叱る」で伸ばすコツ』菊池洋匡　実務教育出版
(21)『「記憶」を科学的に分析してわかった小学生の子の成績に最短で直結する勉強法』菊池洋匡　実務教育出版
(22)『ちょっとしたことでうまくいく 発達障害の人が上手に勉強するための本』安田祐輔　翔泳社
(23)『大量に覚えて絶対忘れない「紙1枚」勉強法』棚田健大郎　ダイヤモンド社
(24)『成功する家庭教育 最強の教科書：世界基準の子どもを育てる』廣津留真理　講談社
(25)『ハーバード・ジュリアードを首席卒業した私の「超・独学術」』廣津留すみれ　KADOKAWA
(26)『学校では教えてくれない大切なこと 13 勉強が好きになる』入江久絵　旺文社
(27)『ムダな努力を一切しない最速独学術』三木雄信　PHP研究所
(28)『知的戦闘力を高める 独学の技法』山口周　ダイヤモンド社
(29)『東大教授が教える独学勉強法』柳川範之　草思社
(30)『勉強が死ぬほど面白くなる独学の教科書』中田敦彦　SBクリエイティブ
(31)『最強の「独学」仕事術』赤羽雄二　宝島社

(32)『生き残るための、独学。』千田琢哉　学研プラス
(33)『すべての知識を「20字」でまとめる　紙1枚！　独学法』浅田すぐる　SBクリエイティブ
(34)『無敵の独学術』ひろゆき　宝島社
(35)『「超」独学法　AI時代の新しい働き方へ』野口悠紀雄　KADOKAWA
(36)『開成→東大文I→弁護士が教える超独学術　結局、ひとりで勉強する人が合格する』幻冬舎
(37)『東大合格者が実践している絶対飽きない勉強法』鬼頭政人　大和書房
(38)『一流の学び方─知識&スキルを最速で身につけ稼ぎにつなげる大人の勉強法』清水久三子　東洋経済新報社
(39)『LIMITLESS　超加速学習─人生を変える「学び方」の授業』ジム・クウィック　東洋経済新報社
(40)『今日から使える！　宿題のもやもやスッキリ術（5分でカイケツ道場）』熱海康太　実務教育出版
(41)『ムダにならない勉強法』樺沢紫苑　サンマーク出版
(42)『人生を切りひらく最高の自宅勉強法』布施川天馬　主婦と生活社
(43)『多浪で東大に合格してわかった本当にやるべき勉強法』東京大学多浪交流会

KADOKAWA

(44)『3男1女　東大理Ⅲ合格百発百中　絶対やるべき勉強法』佐藤亮子　幻冬舎

(45)『「超」勉強力』中野信子・山口真由　プレジデント社

(46)『東大現役合格→トップ成績で医学部に進学した僕の　超戦略的勉強法』宇佐見天彗　KADOKAWA

(47)『小学校では学べない　一生役立つ時間の使い方』齋藤孝　KADOKAWA

(48)『絶対忘れない勉強法』堀田秀吾　アスコム

(49)『ハーバード×MBA×医師　目標を次々に達成する人の最強の勉強法』猪俣武範　ディスカヴァー・トゥエンティワン

(50)『Think clearly』ロルフ・ドベリ（訳）安原実津　サンマーク出版

(51)『時間術大全』ジェイク・ナップ・ジョン・ゼラツキー（訳）桜井祐子　ダイヤモンド社

(52)『自分を変える方法～いやでも体が動いてしまうとてつもなく強力な行動科学～』ケイティ・ミルクマン　ダイヤモンド社

(53)『最強脳』アンデシュ・ハンセン（訳）久山葉子　新潮社

(54)『ストレス脳』アンデシュ・ハンセン（訳）久山葉子　新潮社

(55)『すぐやる／「行動力」を高める科学的な方法』菅原洋平　文響社

(56)『「すぐやる」力で差をつけろ』千田琢哉　リベラル社

(57)『すぐやる人とやれない人の習慣』塚本亮　明日香出版社

(58)『脳の名医が教えるすごい自己肯定感』加藤俊徳　クロスメディア・パブリッシング（インプレス）

(59)『やり抜く力』アンジェラ・ダックワース　ダイヤモンド社

(60)『うまくいく人が仕事以外でやっていること99』ステファノ・クセナキス　文響社

(61)『思考は現実化する』ナポレオン・ヒル　きこ書房

(62)『やわらかく、考える』外山滋比古　PHP研究所

(63)『ヤバい集中力』鈴木裕　SBクリエイティブ

(64)『脳にまかせる勉強法』池田義博　ダイヤモンド社

(65)『達人のサイエンス　真の自己成長のために』ジョージ・レナード（訳）中田康憲　日本教文社

(66)『エッセンシャル思考』グレッグ・マキューン（訳）高橋璃子　かんき出版

(67)『エフォートレス思考』グレッグ・マキューン（訳）高橋璃子　かんき出版

(68)『本当に頭がいい人の思考習慣100』斎藤孝　宝島社

(69)『賢さをつくる』谷川祐基　CCCメディアハウス

(70)『一流の頭脳』アンダース・ハンセン（訳）御船由美子　サンマーク出版

(71)『マインドセット「やればできる!」の研究』キャロル・S・デュエック（訳）今西康子

草思社
(72)『超一流、二流、三流の休み方』新井直之　草思社
(73)『AI分析でわかったトップ5%社員の習慣』越川慎司　ディスカヴァー・トゥエンティワン
(74)『勝ち続ける意志力　世界一のプロゲーマーの仕事術』梅原大吾　小学館
(75)『習慣が10割』吉井雅之　すばる舎
(76)『サクッとわかる行動経済学』阿部誠　新星出版社
(77)『13歳から分かる！　プロフェッショナルの条件　ドラッカー　成果を上げるレッスン』（監）藤屋伸仁　日本図書センター
(78)『PEAK PERFORMANCE　最強の成長術』ブラッド・スタルバーグ／スティーブ・マグネス（訳）福井久美子　ダイヤモンド社
(79)『読んだら忘れない読書術著』樺沢紫苑　サンマーク出版
(80)『独学大全』読書猿　ダイヤモンド社
(81)『神・時間術』樺沢紫苑　大和書房
(82)『言語化の魔力』樺沢紫苑　幻冬舎
(83)『頭がいい人の脳の使い方』小田全宏　あさ出版
(84)『脳科学者が教える最高の選択』茂木健一郎　徳間書店

(85)『孤独になると結果が出せる』茂木健一郎　廣済堂出版
(86)『科学的に幸せになれる脳磨き』岩崎一郎　サンマーク出版
(87)『脳を最適化すれば能力は2倍になる』樺沢紫苑　文響社
(88)『ハーバード×脳科学でわかった究極の思考法』スリニ・ピレイ（訳）千葉敏生　ダイヤモンド社
(89)『いい習慣が脳を変える』苫米地英人　KADOKAWA
(90)『良い戦略、悪い戦略』リチャード・P・ルメルト（訳）村井章子　日本経済新聞出版
(91)『ファスト&スロー　上』ダニエル・カーネマン（訳）村井章子　早川書房
(92)『ファスト&スロー　下』ダニエル・カーネマン（訳）村井章子　早川書房
(93)『モチベーション3.0』ダニエル・ピンク（訳）大前研一　講談社
(94)『リフレクション～自分とチームの成長を加速させる内省の技術～』熊平美香　ディスカヴァー・トゥエンティワン
(95)『自律する子の育て方』工藤勇一・青砥瑞人　SBクリエイティブ
(96)『BRAIN DRIVEN（ブレインドリブン）パフォーマンスが高まる脳の状態とは』青砥瑞人　ディスカヴァー・トゥエンティワン
(97)『完訳 7つの習慣 人格主義の回復』スティーブン・R・コヴィー（訳）フランクリン・コヴィー・ジャパン　キングベアー出版

(98)『管理ゼロで成果はあがる ～「見直す・なくす・やめる」で組織を変えよう～』倉貫義人　技術評論社

(99)『Think CIVILITY 「礼儀正しさ」こそ最強の生存戦略である』クリスティーン・ポラス（訳）夏目大　東洋経済新報社

(100)『「後回し」にしない技術』イ・ミンギュ（訳）吉川南　文響社

本書執筆のために視聴したYouTube動画20本

（1）「学年1位と学年最下位の勉強法の違い4つ紹介」ラオ先生@高校受験チャンネル

（2）「河野玄斗がおすすめする勉強法」Stardy–河野玄斗の神授業

（3）「5教科500点を取った神の勉強法」塾講師ヒラ

（4）「集中力が無い人ほどコレが出来てないよね。」ひろゆけ〔ひろゆき切り抜き〕

（5）「『自習のやり方』をお話しします！」Quizknock

（6）「効率的な家庭学習の方法教えます」オレンジ先生（東大卒）の勉強応援チャンネル

（7）「KIDSIVA STYLE 勉強法」成田悠輔

（8）「9割がやっていない偏差値が20上がる超効率的勉強法TOP7」ブレイクスルー佐々木

（9）「僕の勉強法」こたろ

(10)「中田式勉強法」中田敦彦のトーク
(11)「[TOEIC満点が伝授] 2ヵ月で900点を超える勉強法」Atsueigo
(12)「一生使える勉強法」武田塾チャンネル
(13)「[計画倒れにサヨウナラ] 超・具体的に解説！「良い目標」の立て方」両学長 リベラルアーツ大学
(14)「効率の良い勉強法を教えてください」とある男が授業してみた
(15)「なぜ勉強するのか」予備校のノリで学ぶ「大学の数学・物理」
(16)「勉強する意味って何？」松丸亮吾の日常
(17)「〔劇的に変わる〕勉強計画の立て方徹底解説」PASSLABO in 東大医学部発「朝10分」の受験cafe
(18)「受験勉強を今から何するかわからない人よ！ とりあえず俺と予定を立てようぜ！」日常でんがん
(19)「勉強法についてまとめてみました！」Historta Mundy
(20)「勉強計画の立て方のコツ」WEB玉のタマえもん

本100冊、動画20本から浮かびあがった主要な「学び方のキーワード」

◆名詞部門

1位　目標
2位　習慣
3位　脳
4位　行動
5位　暗記
6位　効率
7位　計画
8位　集中
9位　思考
10位　記憶
11位　理解
12位　アウトプット

◆副詞部門

1位　できる
2位　考える
3位　学ぶ
4位　知る
5位　変える
6位　覚える
7位　決める

◆形容詞部門

1位　いい

2位　楽しい

3位　新しい

4位　面白い

5位　正しい

※注意：この調査は、私が本を読み、動画を観て、発信者が「強調しているな」と感じたワードをピックアップしているので、あくまで個人的な調査であることは御了承ください。

第3章

目標を設定し、運用する力を学ぶ授業

前述のコラム2で詳しく述べましたが、勉強本100冊、勉強動画20本を調査した結果、最も頻繁に登場するキーワードは「目標」でした。つまり、多くの著者・発信者が共通して伝えているのは、**学習者自身が目標を設定することの重要性**です。

いざ受験生になってから、目標を設定したり、その目標を運用したりする力をつけていくのでは遅いと思いませんか。**小学校の授業で「目標設定力・目標運用力」を育む学び方を学び、将来のステージでも活用できる力**を養っていく必要があると考えています。

目標設定力・運用力を身につけることは、受験勉強に限らず、長期的に大きな影響があると考えます。経済産業省が令和4年5月に発表した未来人材ビジョンの資料（左上の図）によると、日本の18歳の「社会への当事者意識」が低い現状が指摘されています。

これらを踏まえ、小学校の教員という立場で私たちができることは何かを考えています。

ますます大切なのは、**子どもたちが日常の授業の中で、自分自身の目標を設定する機会を提供することです**。教師が目標を設定するのではなく、子どもたちが自分の目標を設定する経験を通じて、学ぶ力を学ぶ授業について、詳しく説明していきます。

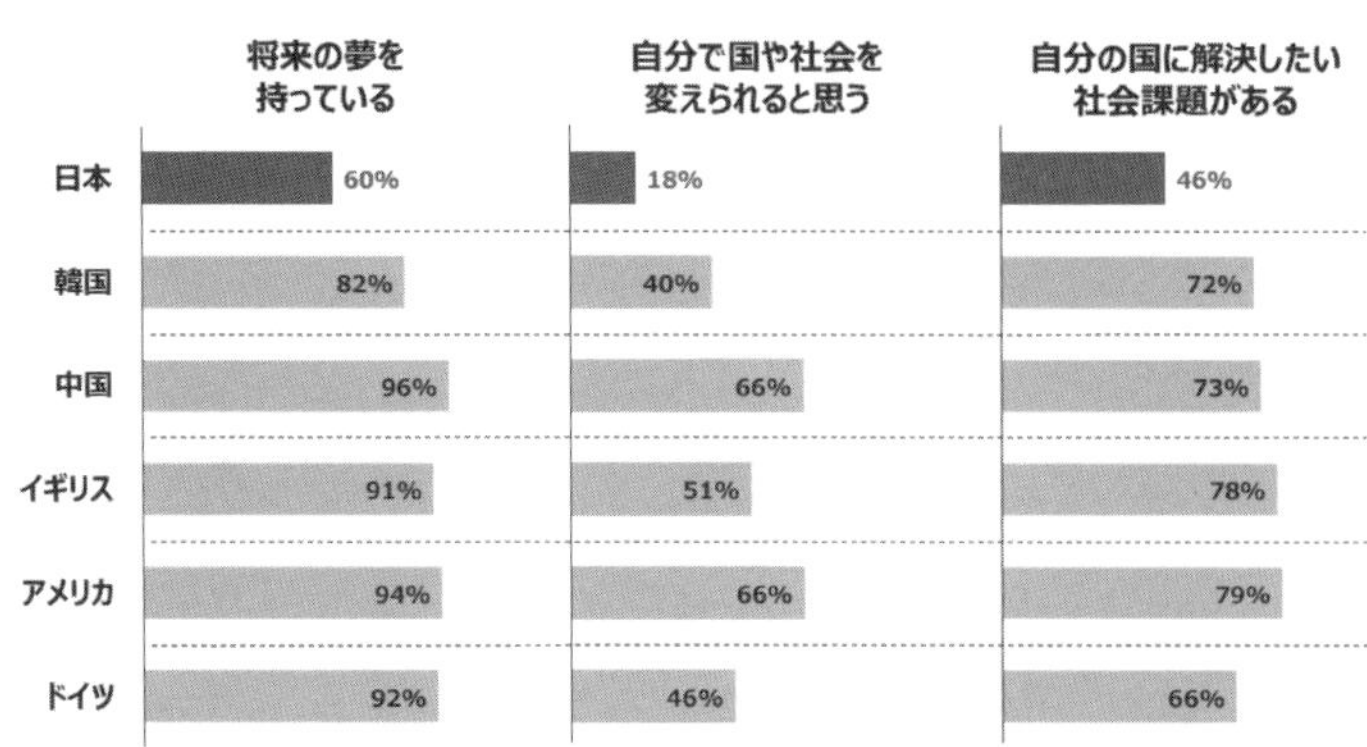

図）日本財団「18歳意識調査第20回」（2019年）を基に経済産業省が作成

上の図を見て、みなさんは何を感じますか？

［考えよう］上の図から何を感じますか？
書き出してみましょう。

・将来の夢がある
・変えたいと思うことがある
・解決したい課題がある

これらの目標は、今を精一杯生きる原動力になります。

18歳の子たちが、目標をもって生きていけるよう、学校教育の視点から共に考えていきましょう。

目標を立てて終わり、立てて満足から卒業する

4月の第1週。学活の時間では、「どんな自分になりたいか?」と問いかけ、1年間の目標を生活面と学習面に分けて書いている教室が多いでしょう。しかし、私自身もそうでしたが、この教室に掲示された1年間の目標は「立てて終わり」「立てて満足する」という経験の代表例となってしまっています。

小学校だけでも6回も「1年間の目標」を立てています。**目標設定だけで終わらずに、しっかりと成し遂げる経験を積ませること**が重要なステップとなります。まずは正しい目標設定の方法から考えてみましょう。

[ポイント①] 具体的で、期限が決まっている目標を立てる

・漢字が苦手なので、がんばりたいです!

・たくさん挨拶をしたいです!

このような目標設定は、意欲こそ素晴らしいですが、「立てて終わりの目標」の典型例です。なぜならこれらの目標は抽象的で、期限が決まっていないため、達成が不透明なものになります。目標が曖昧な場合、その達成も曖昧になり、結局「どうだったかな？ できたかな？」という不確かさが残ったまま、1年間を振り返ることになります。

予防策として、具体的で、期限が決まっている目標を立てるよう促しましょう。ワークシートの段階から、目標を達成するための行動計画を「いつするの？」「どこでするの？」「何をするの？」まで考えるよう仕組み化しましょう。また達成したかどうかが友だちや教師から一目でわかる工夫を心掛けます。

図）学期の目標ワークシート（Canvaで作成）

【ポイント②】目標の達成には、教師の関わりが必須

正しい目標設定をしたとしても、実際に目標を達成するためには、教師の関わりが必要不可欠です。次の6つのポイントを押さえましょう。

① まずは教室に目標を掲示する

→目標を見える所に貼っておくと、常に意識して生活することができます。

② 1年間で全員が、自分が立てた目標を達成しようと語る

→全員が達成するぞ！　とみんなで励まし合う環境をつくりましょう。

③ 1項目でも達成できた人は、クラスで大きく取り上げる

→たとえば、ある女の子が「1週間毎日、5人の友だちに自分から挨拶する」という目標を立て、達成を教師に報告したとします。その際は大げさに反応し「えっ!?　すごいな〜もしよければ、クラスで話してもいい？」と伝え、学級全員に周知しましょう。「がんばれば認められる」雰囲気は、目標設定に限らず学級経営の根幹です。

④ 進捗していない子どもは、目標から見直すよう働きかける

→1カ月も経つと、自分から立てた行動計画が進んでいる子とまったく進んでいない子が出てきます。まったく進んでいない子とは対話を通して「そもそもの行動計画に無理があるのではないか？」「目標は本当に達成したいものなのか？」という切り口から確認しましょう。

⑤ 「目標がんばる週間」を設定する

→「今週は必ずみんな1つの行動計画をクリアしよう」など「がんばる週間の設定」も効果があります。「今日は7人が達成したよ」「今日は5人もやったね」と学級みんなで盛り上がる時間を大事にしましょう。

⑥ すべて達成した子は、大々的に取り上げる

→すべての行動計画を達成した子は、お祝いかのように盛り上げ、祝福しましょう。

「先生、新しい目標カードください」なんていう子も出てきますよ。

「立てた目標が達成するってうれしい」そんな経験をたくさん積んでほしいと考えています。自発的に目標設定をする子が現れる日を思いながら、支えていきましょう。

学び方を学ぶ授業~アクション(目標を設定し、運用する力編)

25 学期のはじめに立てた目標に向かって、どんな行動を起こすかまで考えるよう促す

26 教師は、目標が達成できるように、関わり、支える

目標を立てるメリット

学期単位だけではなく、月単位や1週間単位、1日単位でも目標設定の習慣を身につけることをおススメします。全員で取り組む「今日のめあて」もいいのですが、個々の子どもが次のような目標を設定することが大切です。

・今月は、給食を残さず食べる。苦手な野菜も残さずに食べたい（月単位）
・今週は、毎日リコーダーの練習をする。スラスラ演奏したい（週単位）
・今日は、休み時間に逆上がりの練習をして、5時間目の体育もがんばるぞ（日単位）

朝の数分間、目標を立てる時間を設けるだけで、これだけの目標設定ができるのです。目標を立てるメリットは数多く言及されていますが、実際の子どもたちの姿を通じて実感しているメリットは次の3つです。

メリット① スキマ時間での行動が変容する

小学校では多くの「スキマ時間」が存在します。とある子に、タイマーを持って計ってもらったことがあるのですが、1日に27分（休み時間を除く）もスキマ時間がありました。

・授業の課題を終えた後
・全員が揃うのを待っている間
・給食を食べ終わり、「ごちそうさま」をするまでの間

など、数えればキリがありません。

目標をもって生活すると「スキマ時間」が「成長の時間」へと変わります。今では個々の子どもが端末を持っているため、YouTubeやNHK for Schoolの動画、Google検索を通じて知識を得ることもできます。「スキマ時間」が暇つぶしではなく「成長の時間」へと変化します。

メリット② 応援する人が増え、それによりがんばれる

目標を設定する際は、自分の目標を周囲に宣言するよう働きかけます。「今月はリコーダーをがんばりたい」と目標を宣言することで、応援を受ける機会が増えます。教師からも、音楽の授業などで、指名をしたり認めたりする声かけが自然と多くなります。

メリット③　自分の成長を感じられる

目標を設定すると、行動の矢印を伸ばすことになります（上の図参照）。

子どもは目標を達成できたかの「結果」に目を向けがちなので、「成長」に目が向くように教師が声をかけましょう。

［教師の関わり例］目標設定が毎週の漢字テストで満点を取ること。そのために1日5分、テストに向けた勉強をすると計画を立てていた子への関わりを紹介します。

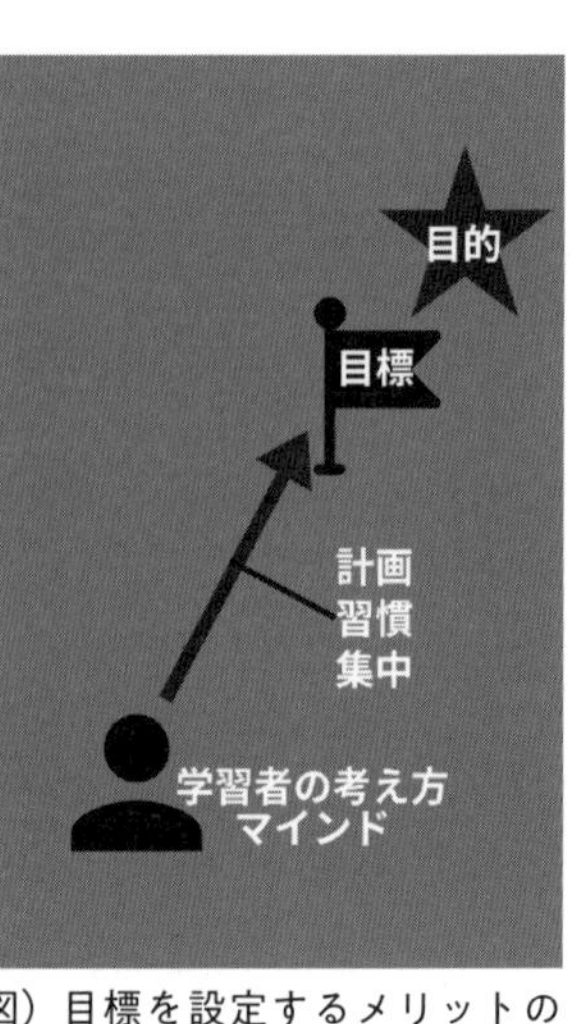

図）目標を設定するメリットの方向性

C：うわ～最悪だ。漢字テストが90点だった。
T：どうして最悪なの？
C：だって今月の目標が、全部の漢字テストで満点取ることだったから。
T：それに向けて毎日5分間、漢字学習の時間をとるって挑戦はどうだったの？
C：それは達成できました。
T：それはすごいよ。これまでは、前日にしか確認してなかったよね？　毎日やるって決めて、それを実行したのだから、「成長」したね。素晴らしい。

「テストの点数」だけに目が向いてしまいがちな子には、教師が多様な視点から支えていきます。「あなたは成長しているよ。大丈夫」と励まし続ける存在でありたいものです。

学び方を学ぶ授業～アクション（目標を設定し、運用する力編）

27 目標を設定する時間をとる。教師も（時には友だちも）目標を把握し、応援する

目標を決めたら、小さな目標も一緒に決めよう

目標設定が習慣として根付いたら、小さな目標も一緒に設定するよう指導しましょう。**達成したい目標と「現状の自分」との間に3つのマイルストーンを置くよう伝えます。**

マイルストーンとは、目標達成において重要な節目を示します。マイルストーンを設定することで、子どもたちの目標に向けた進捗を追跡し、計画通りに進んでいるか確認できます。

たとえば、学期の目標を「英語の授業に自信をもって受ける人になりたい」と設定したAさんの実践例をもとに考えてみましょう。目標設定後、左のように、3つのマイルストーンを置くように関わりました。

「英語の授業に自信をもって受けられるようになるために、何ができるようになればいいと思う?」と対話を重ねながら、3つのマイルストーンを設定しました（左上の図）。3

つのマイルストーンを通過することで、達成したい目標に大きく近づくことができます。

マイルストーン方式を導入しても、教師の関わりの工夫なしには、形骸化した目標となってしまいます。時間をかけて目標設定をしたわけですから、その目標が達成することができるよう支えていきましょう。起こりうる3つの注意点への対策を述べていきます。

①一部の子しか、取り組まないときの対策

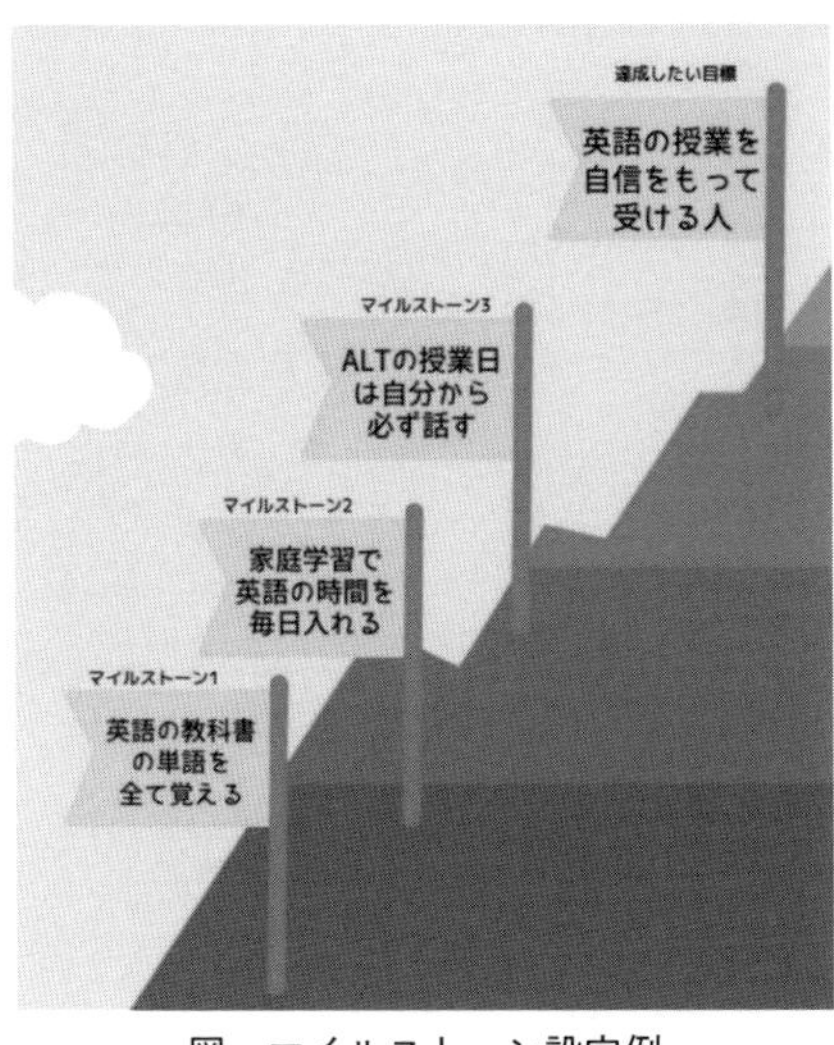

図　マイルストーン設定例

「みんなで目標に向かってがんばろう」と設定しても、実際には一部の子どもしか取り組まないことはあります。小学校の教室では、よく起こる悩みの1つではないでしょうか。まずは火が付いている一部の子を価値づけ、クラス全体へ、じわりじわりと広げていく方法を取り入れましょう。隣の席の子や、仲良しの友だちが「マイルストーン」をクリアし、学級から称賛されている姿を見ることで、やる気になる子どもたちもいます。目標達成を焦らずに進めて

いきましょう。

②マイルストーンの設定が曖昧なときの対策

「何をするのか？」「いつまでにやるのか？」具体的であればあるほど、目標設定は効果を発揮します。対話を通して、目標を具体的にしていきます。

上の図のマイルストーンを書いていた子には、「全て覚えるとは、どういうことなの？」と質問をしました。「巻末の単語集の日本語の意味を隠して、全部言えることです」と対話をすることで、より目標を具体化しました。

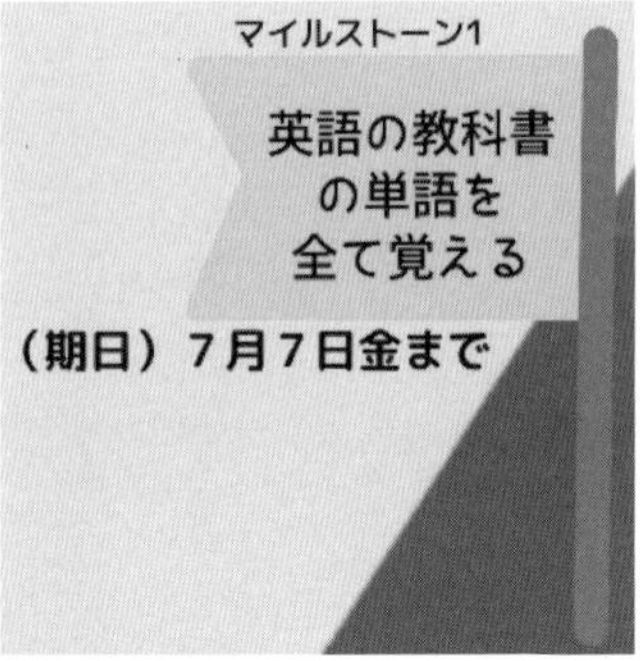

マイルストーン1
英語の教科書の単語を全て覚える
（期日）７月７日金まで

図　期日を明確に決める

③教師１人での把握が難しいと感じたときの対策

教師１人で３５人分の、目標設定とマイルストーンの進捗を把握するのは、難しいことです。教師だけではなく、班の仲間同士がマイルストーンの進み具合をチェックし、励まし合う時間をとりましょう。月曜日の朝の会などで進捗を確認し合うことがおススメです。

マイルストーン方式の目標設定を授業の中に取り入れた実例を紹介しました。

・達成したい目標を決める

・「その目標」と「現状の自分」との間にマイルストーン（小さな目標）を3つ置く

・達成を喜ぶ、価値付ける

以上の関わりで、子どもたちが年度初め、学期はじめに立てる目標設定が、より効果的な取り組みになると思います。

学び方を学ぶ授業～アクション（目標を設定し、運用する力編）

28　目標と現在地の間に、3つのマイルストーンを置くよう教える

29　マイルストーンに、詳細な内容と期限を設ける

30　教師だけではなく、友だち同士で目標への進捗を励まし合う時間をとる

自分の「心の声」を聞く～自分の心の羅針盤をもとう～

「子どもが成長するには、何が一番必要だと思いますか？」

私の教員人生としての経験から導き出された結論は「**本人が心から、なりたいと思っていること**」です。

子どもたちは、親、教師、多くの大人の目を気にしながら生きています。「漢字ができるようになりたい！」と本人が心から思っていないのにもかかわらず、目標シートには「漢字ができるようになりたいです！」と書く子がいます。おそらく、その目標シートは教師も見るし、参観日に来たお母さんも見ることを知っているのです。だから、苦手と感じている漢字を敢えて「がんばりたい！」と書いています。しかし、このように設定された目標はなかなか達成されません。前述の通り、「**本人が心からできるようになりたい」と思っていないからです。踏ん張りが効かないのです。**

大人からの期待を背負って決めた願望ではなくて、「小学生である君は、現時点で、どう感じていて、どうなりたいのか？」と自分自身で考えてもらうために「WOOPの法則」を活用したワークシートを使用しています（P.52イフゼンプランの章でも紹介）。書き方の例を参考に、４ステップで目標達成の道のりを子どもたちに考えてもらいます。

WOOPの計画

Wish（願望は？）
①あなたが成し遂げたい目標は？
※難易度設定が重要、自分の力でできるもの

Outcome（結果は？）
②その目標を達成したときにどうなる？
※具体的に達成後の自分をイメージしましょう

Obstacle（目標の妨げになりそうなものは？）
③目標達成の邪魔になりそうなものは？
④実際にそれが起きたときはどうする？

Plan（計画）
⑤どうすれば目標が達成できる？
※if then plan や small goal を活用しましょう

図）WOOP の計画ワークシート

実際の目標設定例

① Wish（願望は？）

「今は、歴史の授業前やテスト前になると、マイナスな気持ちになってしまう。だから、前向きな気持ちで授業を受けられる人になりたい。原因は、語句や時代の流れがわからなくて、授業中「よくわからない」ことが多いのが理由だと思います。まずは2週間後の歴史の単元テストで90点以上を取りたい」

② Outcome（実現したときの結果は？）

「友だちのAさんは歴史が得意で点数もよい。自分も歴史の点数がよくなったら友だちのAさんと競い合っていると思う。社会の授業が楽しみに変わると思う」

③ Obstacle（障害は？）

「『わからない』と思ったら、『まあいいか』とそのままにしてしまうのがよくない」

④ Plan（計画は？）

「家庭学習で社会を学ぶ時間を2週間、毎日とる。授業中でも、もしわからないと思ったら、そのままにせず、教科書を見たり、Aさんに聞いたりする。

〈WOOPで書いた内容は、先生は見ないし、集めない。管理を一切しない関わりも有効〉

「WOOPの法則ワークシート」は、教師が見ることもありますが、まったく見ないこともあります。5分間、書く時間を取って終わりです。教師が子どもたちの机の間を見回ることもなければ回収すらしません。理由は、**大人の目を一切考えずに、自分の目指したい願望を考える経験も重要だと考えているから**です。誰にも見られないし、評価もされないことで、正直に自分の気持ちで向き合えるのではないかと考えています。真剣に自分の願望と向き合う子どもたちの眼差しはキラキラ輝いています。

学び方を学ぶ授業〜アクション（目標を設定し、運用する力編）

31 **WOOPの計画を立てる時間を確保し、自分に問いかける習慣を大切にする**

32 **設定した目標は、人に見られると羅針盤がぶれる可能性があるため、時には教師は集めないし、見ることもしない**

願望のままでいいのか？現実を変えたいのか？

最近友人から、スペインに海外旅行に出かけた話をされました。

私は「いいいな。自分もスペイン行ってみたいな」と口にしました。しかし、本当はスペインに行きたいと思っていないのです。どういうことかというと、**本気で行きたいと思えば行けるのに行かない自分は、実はスペインには行きたくないのだと思います。**

今からでも、ネットで調べて、パスポートを確認して、飛行機や宿を予約すれば、次の夏休みにでもスペインには行けます。でも私は行かないでしょう。「**スペインに行きたい」は、ただの願望であり、本気で実現しようと思ってもいないので、何の行動も起こさないのです。**

子どもたちも、私のように、反応的に願望を口にすることがあります。そのような姿が見られた場合は、次のように関わることがあります。

休み時間に、ピアノの周りに集まる子どもたち

（スラスラとピアノを演奏する〇〇さん）

C：〇〇さんすごいな～。私も〇〇さんみたいに弾けるようになりたい

T：そうだね。〇〇さんは、本当に上手だね。Aさんもピアノを弾けるようになりたいの？

C：弾けたらいいなって思っています。でも私はピアノ習っていないので…

T：そうなんだ。でもAさんも、弾けるようになれるよ。今は素晴らしい時代で、YouTubeを観れば、ピアノが上手な人が無料でいつでも、何度でも教えてくれるよ。先生も、新しいことに挑戦するときは、YouTubeを観て勉強しているよ。一緒に、面白そうなサイトがあるか見てみるかい？「弾けたらいいな」なの？「弾けるようになりたい！」なの？

C：弾けるようになりたいです。

T：じゃあ、YouTubeの検索窓に、「ピアノ　初心者」って入れてみようか。

この対話後、Aさんは、本当に独学でピアノを学び始めて、どんどんスキルを上達させていきました。大勢の保護者が見に来る場でも、堂々と演奏し、満足そうにしていた表情が忘れられません。あのとき、背中を押してよかったと思っています。

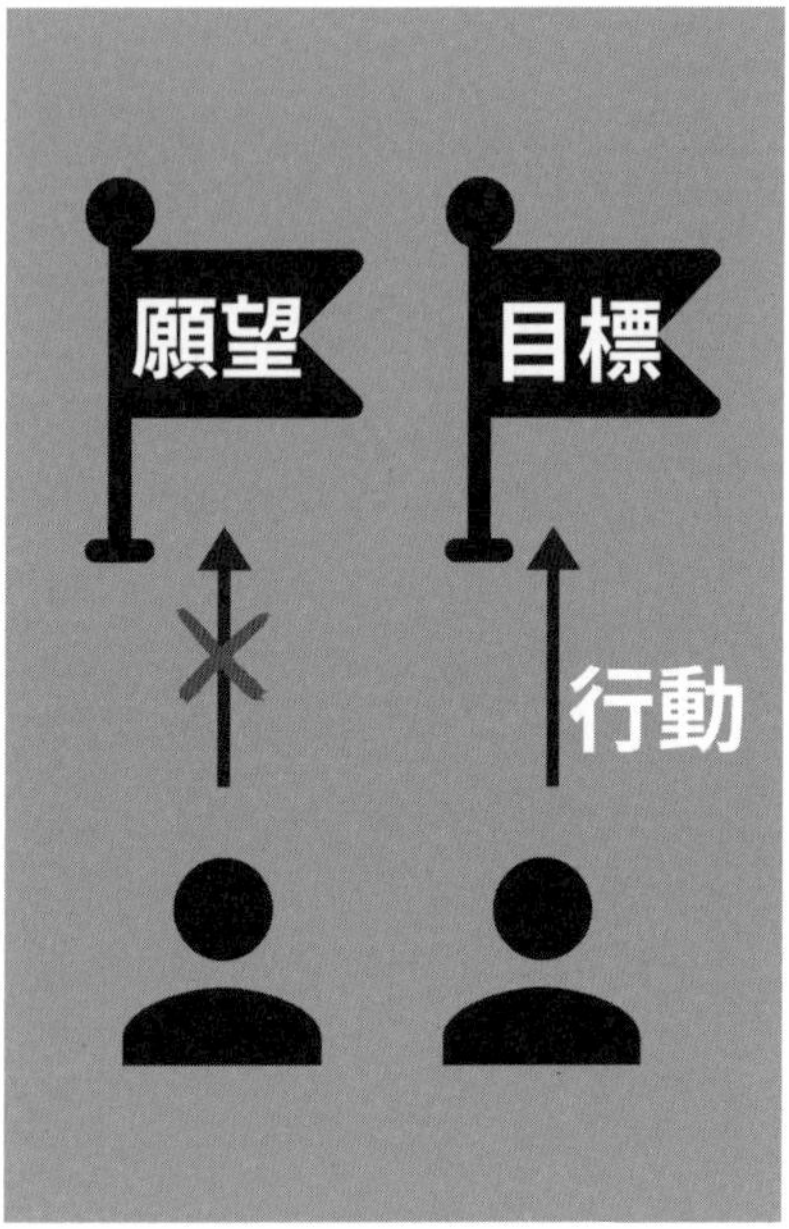

図　願望と目標のちがい

Aさんのピアノの実例で示したように、「願望」と「目標」はまったく異なるものです。**目標にする場合は「行動」が伴います。**「ピアノが弾けるようになりたいな」と思っているだけでは弾けるようになりません。「算数が得意になりたいな」と願っているだけでは得意になりません。この現実を丁寧に伝えましょう。

教師ができることは2つです。

1つ目は「**本当に叶えたい目標がある場合、あなたが小さな行動を積み重ねればできるよ」と道を照らしてあげること**です。Aさんの例でも、Aさんは鍵盤ハーモニカやリコーダーの演奏がとても上手な子で、リズム感もありました。そして何より「謙虚に学ぶ力」があったので、担任である私の目から見て「絶対にできるようになる確信」がありました。その確信をAさんに説明したので、Aさんは続けることができたのかもしれません。

2つ目は「**興味をもったことは、まずはやってみよう」という精神を大切にすること**です。私はよく子どもたちに「3日間だけでも、やってみたら？　3日間やって飽きちゃったら、またちがう興味のあることをやってみたらいいよ」と伝えています。「ピアノを弾けるっていいな」と思ったということは興味があるんだと思います。その興味の種を大事にして、「まずは3日間やってみる」気持ちも大事です。「どうせできないし」とやりもせずに蓋をしないように励まします。

学び方を学ぶ授業 ～アクション（目標を設定し運用する力編）

33 願望と目標は全然ちがうことを伝える。目標達成には、あなたの行動が必ず必要であることを丁寧に説明する

人生は思い描いた通りになる

目標設定・運用の力において、重要な考え方は「人生は思い描いた通りになる」という捉え方です。そんなスピリチュアルなことを言われても……と驚いたかもしれませんが、私の人生を振り返れば、この言葉が納得できるものだと感じています。アメリカの実業家ヘンリー・フォードも次のような言葉を遺しています。

「あなたができると思えばできるし、できないと思えばできない。どちらにしても、あなたが思ったことは正しい」

また、発行部数が全世界で7000万部以上を誇るナポレオン・ヒルの著作の題名も

『思考は現実化する』

なぜ、自分の考え方が目標設定・運用に大きな影響を与えるのか。それは、アクセルを

全力で踏めないからではないかと考えています。

「きっと無理だ」

「たぶんダメだけど、とりあえずがんばってみるね」

子どもたちは何かに挑戦する際、周りの友だちに対して予防線を張ります。これは自分が失敗しても傷つかないようにするための行動です。失敗しても「ほら、やっぱりダメだったよね」と言えば、自分が惨めに感じなくて済みます。

しかし、失敗の予防線を張る人の、アクセルの踏み具合は弱い。なぜなら、自分が失敗してても仕方がないと、自分が思っているからです。その程度の目標だということです。

子どもが、自らの考え方を変えていくのは、非常に難しいことです。そこで、やはり教師の関わりが欠かせません。私は子どものタイプに合わせて2通りの関わりをしています。

① 力はあるけど、自信がない子には、根拠を示す

学級担任制の大きな強みは、その子の成長過程を把握していることです。「目標に向かって、がんばりたいけど自信がない」。そんな子には、過去に達成してきた成果を示しましょう。

T：〇〇さんは、5年生のときも、不安だと思っていたけど、リーダーに立候補して、立

派にみんなをまとめていたのを覚えていますか。あのときの行動を、今では後悔しているかな。きっと挑戦してよかったたって思っているのではないかい。

② 反応的に「無理だ」と口にする子には、対話を試みる

音楽の授業で、リコーダーの曲が紹介されるや否や「こんなの無理だ！」と声に出す子へのアプローチです。私は、その声を聞いたらすぐに、その子のもとに駆け寄ります。

T：まだやってみてもいないのに「無理だ」と口にするのはやめなさい。自分の声を一番聞き続けているのは自分です。あなたが「リコーダーは無理だ」と言い続けていれば、リコーダーは無理になります。

C：(うなずく)

T：〇〇さんは、この曲を見て、どこからなら始められそうなの？　弾けるようにはなりたいんだよね？

C：(うなづく) ええと。階名は教科書を見ながらならわかります。

T：じゃあそこから始めましょう。きっとリコーダーの演奏面に不安があるんだよね。階名がわかった後に、その悩みを一緒に考えましょう。最初の１歩目を踏み出せるのだから、「無理だ」なんて言わない。もう十分できることがあるじゃないですか。

このような場面に直面するたびに、励ましたり、寄り添ったりする教師でありたいものです。学校で一番近くにいる大人が信じ続けてあげたいです。

学び方を学ぶ授業～アクション（目標を設定し運用する力編）

34 力はあるが自信のない子には、過去の事例を示して「できるよ」のメッセージを伝える

35 反応的に「無理だ」と口にする子には、すぐに関わり、今できることを見つけるアプローチをする

コラム3

自分の話は、自分が一番聞いてあげよう

小学生の頃、「モーニング娘。」が大人気で、テレビでその姿を見かけない日はなく、同級生たちの多くがカードやグッズなどを持っていました。

私も多くの曲を聴き、今でも心の支えになっている曲の歌詞があります。

誰よりも私が　私を知ってるから　誰よりも信じてあげなくちゃ！（I WISH）

大学受験や教員採用試験のときも、I WISHの曲を聴いて試験へと臨みました。「こんなに勉強したことを知っているのは、自分しかいない。自分しか知らない。だから、大丈夫」と自分に言い聞かせていました。

30代になった私には、少しこの歌詞の見方が変わってきたように感じます。

じゃあ、誰よりも、自分を知る努力をしなくてはいけないのでは？

・自分は、どんなときにワクワクするんだろう？　どんなときに退屈なんだろう？
・自分が心からうれしい瞬間はどんな時間なんだろう？
・特に集中できた日の原因はなんだろう？
・まったくダメだった日の原因はなんだろう？

10代、20代の頃よりも、出来事に反応的になるのではなくて、自分自身に問いかける習慣が少しずつ身についてきました。それは、落ち着くというよりも「自分のことを知ろうとするため」だと感じています。

他人の話も、しっかり聞こうとしないと聞けません。同様に、いや、それ以上に自分の話こそ、自分が一番に聞いてあげてください。コラム3を今読んでいるみなさん。私の話を聞いてくださりありがとうございます。そっと目を閉じて、自分の話も聞いてあげてくださいね。

第4章

集中する力を学ぶ授業

学習者主体の授業への挑戦には、子どもたちがサボる可能性があるという心配がつきものです。お気持ちはとてもよく理解できます。実際、子どもたちに学習を委ねることは、時に困難さを伴います。しかし、それは長期的に見れば、非常に価値のある取り組みなのです。その挑戦がたとえ失敗したとしても。

たとえば、幼稚園児に自分でお茶をコップに注ぐ練習をさせることを考えてみましょう。親がいつまでもお茶を入れ続けてあげれば、子どもはいつまでも自分でお茶を注ぐことを覚えません。その上、**感謝をされるどころか「お母さん、早くお茶入れて！」とずっと催促され続ける日々が続きます。**

そう、子どもが自分自身でお茶を注ぐ力をつければいいのです。当然、最初は派手にお茶をこぼすかもしれませんが、その失敗が成長の第1歩なのです。

しかし、「何度もこぼしてイライラするから任せられない！」と感じる場合は、どうすればいいでしょうか？　次のような工夫が考えられます。

・下にシートを敷いて、こぼしても大丈夫な環境をつくる
・子どもが持ちやすいピッチャーを提供する
・コップを大きめのものにする
・ピッチャーとコップを子どもが手の届きやすい場所に保管する
・失敗が当たり前だという心構えをもち、成功したら一緒に喜ぶ姿勢を示す

これらのちょっとした工夫により、思い切って任せられる環境が整います。

勉強も同じです。**子どもに任せたけど、うまくいかなかった。これは当然のことだという心構えをしましょう。なぜなら、勉強をあまり任せられてこない人生だったからです。**サボりが多かったのなら、その現状が、現時点での学級や個々人の実力です。失敗を経て少しずつ成長していくのです。

小学生はまだまだ学習者のスタート地点です。失敗して当然。その失敗から学び、成長に繋げることが大切です。思いっきり挑戦できるような環境を整え、教師がそれを支援する声かけを続けましょう。

サボりを恐れ、教師が「管理を強める」「監視を増やす」「提出物の負荷を上げる」は筋の悪い戦略です。これらの戦略は**短期的には成果を出すかもしれませんが、子どもたちが「勉強が好き」「自ら勉強をする」姿勢からは遠ざかることになります。**

子どもたちが抱える「勉強に集中できない」という課題を自分自身で乗り越えさせましょう。教師が指示し、管理し、注意する方式ではなくて、自分で考え、自分自身で答えを見つけていくのです。授業で「集中力」を学ぶ実践について紹介していきます。

やる気が出ないモードを自分自身で乗り越えさせる経験

学習のやる気レベルには6段階存在すると、子どもたちには伝えています。

①やりたくない
②しかたなくやる
③やらなきゃいけない
④やるべきだと思う
⑤やろう・やるぞ！
⑥やりたい

子どもたちは、勉強に関して、どの段階にいると思いますか？

ちょっと立ち止まって考えてみてください。**子どもたちが①〜④のゾーンにいることを**

「当たり前だ」と認識してしまってはいないでしょうか。勉強は①～④のゾーンで取り組むもの。だから教師は「がんばって鼓舞しよう」「怠けないように管理を強めよう」となってしまっている場合が多いと推測します。

前提から疑ってみましょう。

学級の多くの子どもたちが⑤、⑥の考え方で、学習に向かえることができたら、素晴らしいことだと思いませんか？

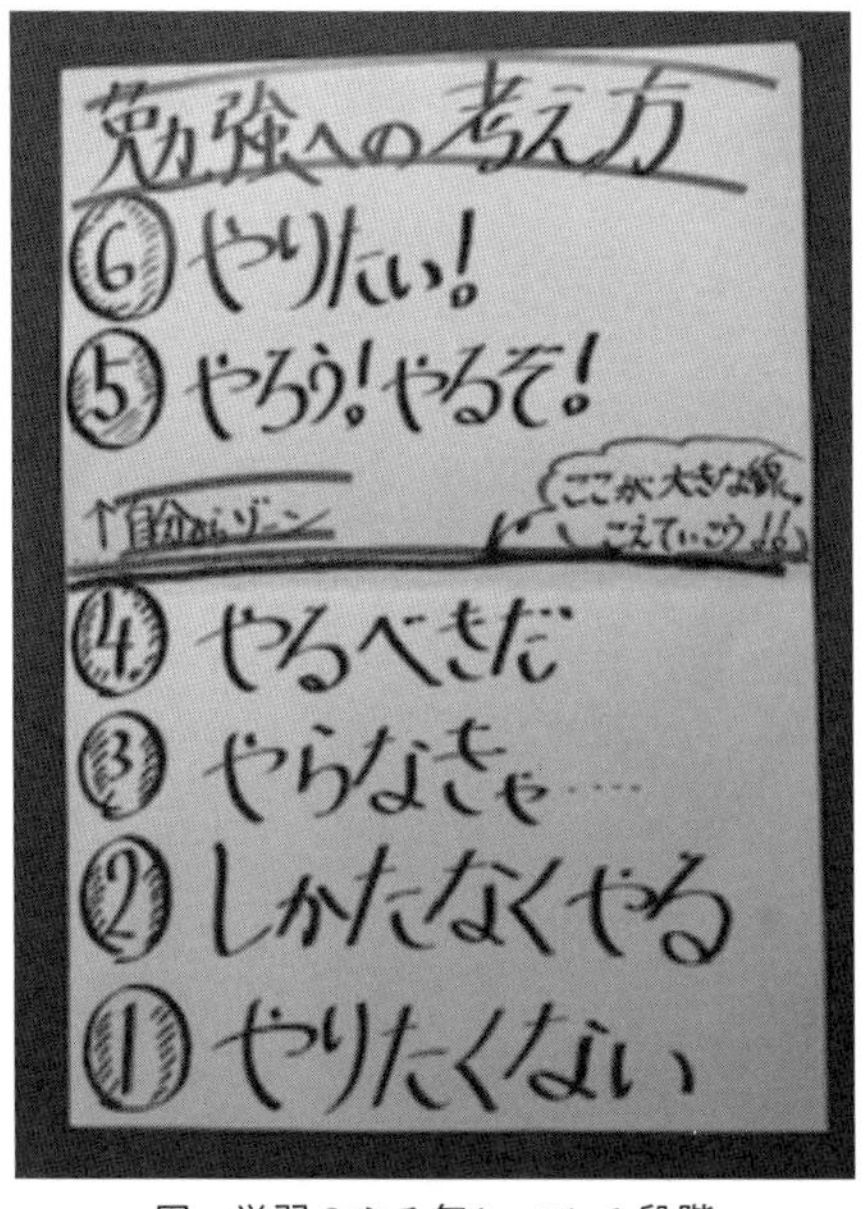

図　学習のやる気レベル６段階

子どもたちが⑤「勉強をやろう！　やるぞ！」⑥「やりたい！」の考え方をもつことは可能です。教師の声かけ、日々の語りで必ず変わります。

もし学級の50%以上の子どもが⑤以上のレベルに到達できれば、教室の雰囲気は一変します。どのような授業スタイルを採用しても成功します。一方で、大半の子が④以下に留まっている場合は非常に厳しいものとなります。

私は数カ月ごとに、子どもたちの「学びへの没頭度」を確認するのに「独学の時間」を取り入れています。

独学の時間とは計画5分、振り返り5分を基本として、中の35分を子どもたちが自由に何を学んでもOKと、学習者に任せる授業です。独学なので1人で取り組みます。

「独学の時間」の振り返りで次のような質問を投げかけます。

T：途中、集中力が切れそうになった人はいる？　最初はやる気レベルが①～④のゾーンにいたけど、⑤・⑥にステップアップできた人はいますか？

子どもから出てきた解答は学級全体に共有します。

・ちょっと飽きてきたときは、読書をすると、また集中できました。自分は本を横に置いて、ここまでがんばったら本を読めるって気持ちでがんばれます。

・周りの友だちを見渡すようにしています。みんなも勉強をがんばっているって思ったら、自分もがんばらなきゃって気持ちになります。

・30秒休憩をするようにしたら、また⑤のゾーンにいけたよ。少し腕を伸ばして、伸びをするようにしたら、自分はまたがんばれます。

・最初の頃、35分は長かったけど、15分15分10分の3つに分けるようにしたら簡単になったよ。苦手だけどやらなきゃいけない算数を最初に取り組むことで「やるぞ！」って気持ちで集中して取り組むことができています。

・机を壁に向けてやったら、⑥ゾーンでできたよ。教室だけど自分の家みたいに感じました。

独学の時間を通して、35分間１人で集中して学ぶ力を育みます。やる気が出ないモードを自分で乗り越える経験を積ませたいと考えています。

学び方を学ぶ授業～アクション（集中する力編）

36 学びのやる気レベル6段階の話を子どもたちに伝える

37 独学の時間に取り組む。やる気の階段を自らステップアップできた人をクラスに共有する

自分で選ぶ効果

子どもたちの学習に関する自己選択の機会を増やすことは重要なアプローチです。多数決方式ではなくて、自分が選んだ選択が実現する授業構築にしましょう。

（例）

・室町文化の特色を調べる。教科書で調べたい？　資料集で調べたい？
・明治維新の概要を知る。動画で知る？　図書室の本で知る？
・今日の漢字学習。紙のドリルで学ぶ？　デジタルドリルで学ぶ？
・算数のまとめの問題。一人でやる？　誰かとやる？
・音楽のリコーダーテスト。一人で録音する？　複数で合奏して録音する？
・鉄棒のテスト。授業の途中で受ける？　最後にみんなの前で受ける？
・校外学習の学びのレポート作成。紙でつくる？　端末でつくる？

これらの例からわかる通り、子どもたちが複数の選択肢から選んだとしても、十分に目的に到達できる場面が学校にはたくさん存在します。こういった場面では、積極的に子どもたちに選択権を委ねましょう。

実は、自分で選ぶという行為自体が、集中力やモチベーションを高める効果があると、海外の研究で実証されています。

コロンビア大学の心理学者であるハイディ・グラント・ハルバーソン氏の研究によれば、約300人の体育の授業を受けた生徒のうち「先生は自分に選択肢を与えてくれている」と感じている生徒は、そうでない生徒と比べて、運動を楽しいと感じ、学校外でも運動しようとする傾向が見られたと述べています。

自己選択は、学習に大きな効果をもたらすことが期待されます。

自分で選ぶことによって、「やらされている」感覚の中に「やろう」「やりたい」の要素が取り入れられるからです。

学習内容そのものは、学習指導要領に基づいて設定されていますので、内容のすべてを子どもたちの「やりたい」に近づけていくことは難しいでしょう。しかし、その「達成方法」に関しては、子どもたちに選ばせることはできるはずです。

・室町時代を学びたくない。

内容面は、何ともしてあげられません。しかし

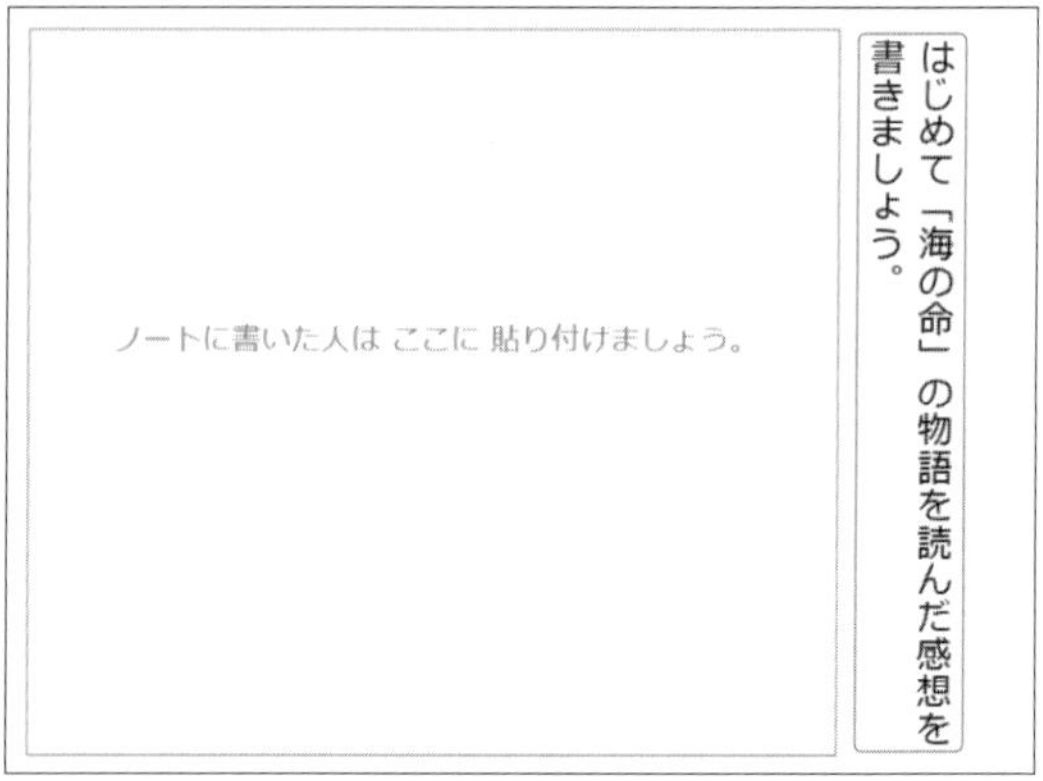

・室町時代をどのように学ぶか？
は、子どもたちに寄り添い、カスタマイズしてあげられる環境が整っています。

もちろん、教師の負担が過度にかかることは避けるべきです。最初は小さな「自己選択」から始め、段階的に導入していくことをおススメします。

小学6年「海の命」の1時間目を例に話します。

教材文「海の命」を読み、心に残ったことや疑問に感じたことを書くように指示します。その際、上記の図のワークシートを配り、タイピングで打ち込んでもらいます。しかし、クラスには「ノートに書きたい」という子もいるので、ノートに書いた子は写真を撮って、同じ場所に提出してもらうようにします。

ノートの写真を提出する方法は、異なる手法をとった子どもの成果を教師の負担を少な

図　初発の感想の提出例

くしつつ、効果的に評価する手段として優れています。教師は「ノートに書いた子」も「端末で書いた子」も1カ所を見るだけで確認できます。

学び方を学ぶ授業～アクション（集中する力編）

38 単元の中に、自分で選ぶ場面を取り入れる

39 ノートを選んだ子も写真を撮って提出させる。デジタルでもアナログでも、どちらの方法を選んだ子も教師は1カ所で見られる仕組みにする

内発的動機付けの促進

人を行動に駆り立てる動機付けは、一般的には次の2つに分類されます。

外発的動機付け

「宿題をやったらゲームができる」「テストで100点をとったら100円あげる」など、物質的な報酬やご褒美による動機付けです。心理学者の植木理恵さんは、「目先のことを片付ける意欲、つまり短距離のやる気」を高める際には、効果を発揮すると述べています。ただし、外発的動機付けは「永久に与え続けなきゃいけない」「ご褒美をグレードアップしていかないといけない」「根本的な無気力人間を育ててしまう」と危険性も指摘されています。

内発的動機付け

外部からの刺激や報酬による動機ではなく、「自分自身の内側」から起こる動機付けです。「バスケットが好きだから毎週バスケットをする」「絵を描きたいから夢中で描く」このように「新しいことを学ぶのが楽しいから学ぶ」「知らなかったことを知るのがうれしい」「できなかったことができるようになるのが幸せ」など**好奇心や探究心や自己成長への喜びが行動へと駆り立てます。**

私は、教え子たちが内発的動機付けで学習に向かい続けてほしいと心から思っています。人生100年時代と言われていますから、小学校を卒業しても、長い未来が待っています。一生学び続けて、自分の人生を幸せに生き続けてほしいと願っています。ポジティブ心理学者のセリグマン博士も、内発的動機によって行動する人は、創造性や理解が高まり、困難に直面しても簡単に諦めないと言及しています。

では、学校の授業の中で、どうすれば内発的動機付けを育むことができるでしょうか。手応えを感じている関わりが2つあります。

1つ目は「**教師が提示するハードルは超最低ライン**」**に設定することです。**国語の提案文の実践。子どもたちに提示する提案文の基準を「400文字」と設定しました（はじめ75字　中250字　終わり75字）。

このラインはクラス全員が容易にクリアできるもので、子どもたちも自信をもって取り組めると思いこの文字数を設定しました。

提案文を書き始めて10分後

C：先生、400文字を超えてもいいんですか？

T：えっ？　超えそうかい？

C：うん。全然足りない。もう500文字もあるよ。

T：みんなちょっといい？　もしかして400文字を超えそうって人は他にもいる？

（大多数の子から手が挙がり、「やるぞ」というやる気が内側から生まれます）

2つ目は、ICT端末を活用することです。

我が子たちがテレビゲームで遊ぶ姿を眺めると、既にクリアしたゲームを何時間も楽しむ様子が見られます。いわゆる「やり込みプレイ」と言われるものです。子どもたちがもともともっている「こだわりたい」「極めたい」という思いを学習の中に取り入れましょう。

小学5年生と取り組んだ「体育の縄跳び×音楽づくり」実践を紹介します。

① 体育で5人のチームをつくり、縄跳びを使った動画を撮影するよう指示

② 縄跳びは、大縄も短縄も両方使うことを指定

③ 本単元では、八の字跳び（大縄）とあや跳び（短縄）を表現に入れることを指定

④ 自分たちで撮影した動画に、音楽づくり（打楽器アンサンブル）の曲をつける

本実践は、子どもたちの「こだわる気持ち」によい効果を生み出しました。（体育）もっといい縄跳び表現がしたい。音楽のテンポに合わせて、リズムよく跳びたい。（音楽）縄跳びが揃っているのに、音楽が揃っていない。もっと音楽づくりを極めたい。

ＩＣＴ端末の導入で、これらのような「やり込み要素」を取り入れられる場面が増えました。もっといろんな可能性を追求していきたいと考えています。

学び方を学ぶ授業 ～アクション（集中する力編）

40 教師の指定する課題ハードルを、全員が容易にクリアできるラインに設定する

41 提出課題に「こだわりたい」「極めたい」要素を取り入れて、内発的動機付けを促す

人間が行動する6つの理由

『モチベーション大百科』にて、池田貴将さんは、人が行動を起こすモチベーションは6つのニーズに分類できると述べています。授業の中で、これら6つのニーズをどのように刺激できるかを考えてみましょう。

①安定感…今までと同様に生きていきたい

テストの点数を切り口に「前回の結果よりも下がりたくない」と考える子どもたちのモチベーションを刺激しましょう。テストの点数を、教師だけでなく、子どもたち自身にもエクセルの表に打ち込む習慣を導入し、点数表を見ながら、テストの目標点数を設定させます。目標設定をしたら、少しテスト勉強の時間を設けるだけでも、学びに向かう集中力は高まります。

②変化（不安定感）…今までとはちがう体験をしたい、現状を変えたい

子どもが授業中に「なんか飽きてきたな」と感じた場合はチャンスです。新しい行動を

試す合図だと考えるよう促します。おしゃべりやサボりなどの逸脱をもぐら叩きかのように対処していくだけでなくて、子どもたちがどうしたら飽きずに、新しい体験に挑戦するかを共に考えていきます。ＩＴＣ端末を活用すれば、好奇心を刺激してくれるコンテンツが山のようにあるので、自己成長に繋げられるよう支えていきます。

③重要感…特別な存在でいたい

「○○といえば○○さんだよね」という共通認識をクラス全員分に創ってあげたい思いで学級経営をしています。たとえば「漢字の部首のことならＡさん」「計算スピードならＢさん」「歴史の豆知識ならＣさん」というように、クラスに重要感のある雰囲気が生まれると、子どもたちはとても生き生きします。Ｃさんの保護者からは「社会科の時間を毎日楽しみに学校に通っていました」と伝えてもらったこともありました。

④つながり…周囲の人と一体感をもちたい、誰かに愛されたい

「わからない」「誰にも聞けない」と学習中に感じる孤立感をなるべく取り除くように心がけましょう。私はよくグループ活動での取り組みを実施しています。子どもたちがお互いに支え合う雰囲気を大切にしています。

⑤成長感…自分のレベルを上げたい

学校で子どもたちは、大人が想像する以上に「他者」と比較しています。毎日同じ環境で同じ年齢の子と同じようなことをやるのですから、仕方がない状況だとも思います。自分が80点を取っても、隣の子が95点なら落ち込みます。50メートル走のタイムが1年前より大幅に伸びていても、一緒に走ったメンバーの中で最下位だったら「遅い」と落ち込みます。

「他者と比べないで、自分と比べていこう」という考え方は、身近にいる教師が毎日でも伝えてあげたい考え方だと思っています。他者との比較が、がんばる原動力になるのであればまだいいのですが、大半の子は、「私なんて」とがんばることを諦めてしまいます。

自分のできることに集中しよう。過去の自分と比べよう。「勉強とは、自分のレベルアップである」と伝え続けていきましょう。

⑥貢献感…誰かの役に立ちたい

まずは、「授業中、困ったと感じるのはよいことである」という学級の雰囲気を大切にしましょう。困ったことは放置せずに、先生や友だちなど「誰かに頼ることの素晴らしさ」をしつこく伝えていきます。子どもたちは、なかなか聞けません。助けを求められません。

聞くのは恥ずかしくない雰囲気ができあがった後は、「誰かの役に立つ素晴らしさ」も伝えていきましょう。「あなたの力が、誰かの役に立ててうれしいね」と語り、お互いに助け合う学級文化を根付かせることが大切です。

安定感、不安定感、重要感、一体感、成長感、貢献感。6つのニーズの観点から、どんどん刺激し、集中して学びに向かえるよう働きかけていきましょう。

学び方を学ぶ授業 ～アクション（集中する力編）

42 モチベーションの根源「6つの感」を刺激する関わりを授業に組み込む

自分の意志で、勉強を始める

「勉強を自分の意志で始めること」は、学習における最も大きな障壁の一つです。「自分から勉強を始める力」を身につけなければ、一生受け身の学習者にとどまります。

小学校時代には、お母さんが「宿題やったの？」「ゲームをするなら宿題やってからにしなさいよ」と管理されていたから、なんとか家庭での学習を続けられた子も、中学・高校になると続かなくなります。**そのうち宿題が出なくなると、どうやって自分で勉強をしたらいいのかもわかりません。** 自分から勉強を始める習慣もないので、たとえ、やることがわかっていても家で時間を無駄に過ごす可能性が高まります。

私は、20代の頃「家庭学習への取り組み」に重点をあて、子どもたちに「自分から勉強を始める力」を鍛えようと努めていました。しかし、あくまで「家庭」での内容なので、どうしても教師の影響の輪の外へ出てしまいます。その子が、本当に「自分から勉強を始める力」を身につけたのかどうかをリアルタイムで見て、フィードバックを提供する方法を模索しました。

おススメの学び方を学ぶ関わりは「授業の最初10分をプレゼント作戦」です。特に3時間目の算数の授業がおススメです。４ステップでやり方を紹介します。

①算数を3時間目に入れる
②3時間目の始まりの号令はしない（自分で勉強モードに入る訓練を行うため）
③算数であれば、何を学んでも自由（復習でも予習でも構わない）
④教師は「自分から勉強を始めた子」に対して反応し、認めていく

「長い休み時間の直後」に設定しているのがキーポイントです。**教師が号令も指示もしないので「自分から算数の学習を始める力」**が毎回試されます。

導入初期は、授業開始時刻を過ぎても「ボーッとする子」や「いつまでも学びを始めない子」がいます。

この子たちこそ「現時点では自分から勉強を始める力がない子」だと判明できます。学校でできないのですから、家庭でもきっとできていないでしょう。

そのような子たちには、「**どうやったら、自分で集中モードに入れそうか？**」と問いかけ、自分で考える時間をとるよう支援します。

「自分から勉強を始める力」が身についている子には、教師はインタビューをして、学級通信で紹介していきます。1人ずつ、また1人ずつと増えていきます。

アクション44の実例が左の学級通信です。「どうしたら自分から勉強を始められるか？」の工夫をしていたAさんにインタビューをして、学級通信で紹介しました。

学び方を学ぶ授業～アクション（集中する力編）

43　長い休み時間の後の最初の10分間を、子どもに任せる

44　「自分から勉強を始める子」を観察し、インタビューし、学級に共有する

学級通信「なぜＡさんは、スムーズに勉強を始めるのか？」

算数の「最初の10分」、自主練タイム。

実はＡさんは12分、勉強しているのを知っていますか？

Ａさんは３時間目のチャイムが鳴る２分前から勉強を始めています。

Ａさんって算数が好きなの？　いや、むしろ苦手だと本人は言っています。

でも、算数ができるようになりたいんだって。素敵な考え方だよね。

応援したくなるよね。


ちょっと視点を変えてＡさんを見てみます。

先生は、Ａさんが、「とある工夫」をしているのが素晴らしいと思っています。それは**「すぐに算数の勉強を始められる準備」をして、休み時間に入っていること**です。

Ａさんは、机の上に教科書とノートを開いた状態で、椅子に座ったらすぐに勉強を始められる準備をしています。

解く問題を決めてから休み時間に入るようにしているのです。

椅子に座ってから「何しようかな～」と考えている人とは、大きな差がつきそうだよね。

Ａさんのよいところ、是非取り入れてみましょう。


自分から工夫して学んでいる子を紹介した学級通信

悪い習慣のトリガーを見極めよう

悪い習慣には、必ずそれを引き起こす「トリガー」が存在していると、多くの研究者が言及しています。トリガー（trigger）とは、引きがね、きっかけを表す言葉です。

たとえば、スマートフォンを触り過ぎてダラダラしてしまうと悩む人は、ソファーに座ってLINEを開くというトリガーが存在しています。お菓子を食べ過ぎてしまうと悩む人は、そもそもお菓子が手に届きやすい位置にあるというトリガーがあるかもしれません。

改善したい習慣そのものに目を向けて、注意をしたり、辞めたりするよう促すのではなく、「**なぜ、そうなってしまうのか？　その悪い習慣を引き起こすトリガーは何なのか？**」子どもと共に考えましょう。

たとえば、小学校でよく起こる悪い習慣には「忘れ物を繰り返す」「おしゃべりをする」「提出物が間に合わない」などが挙げられます。これらの子たちに「忘れ物をやめな

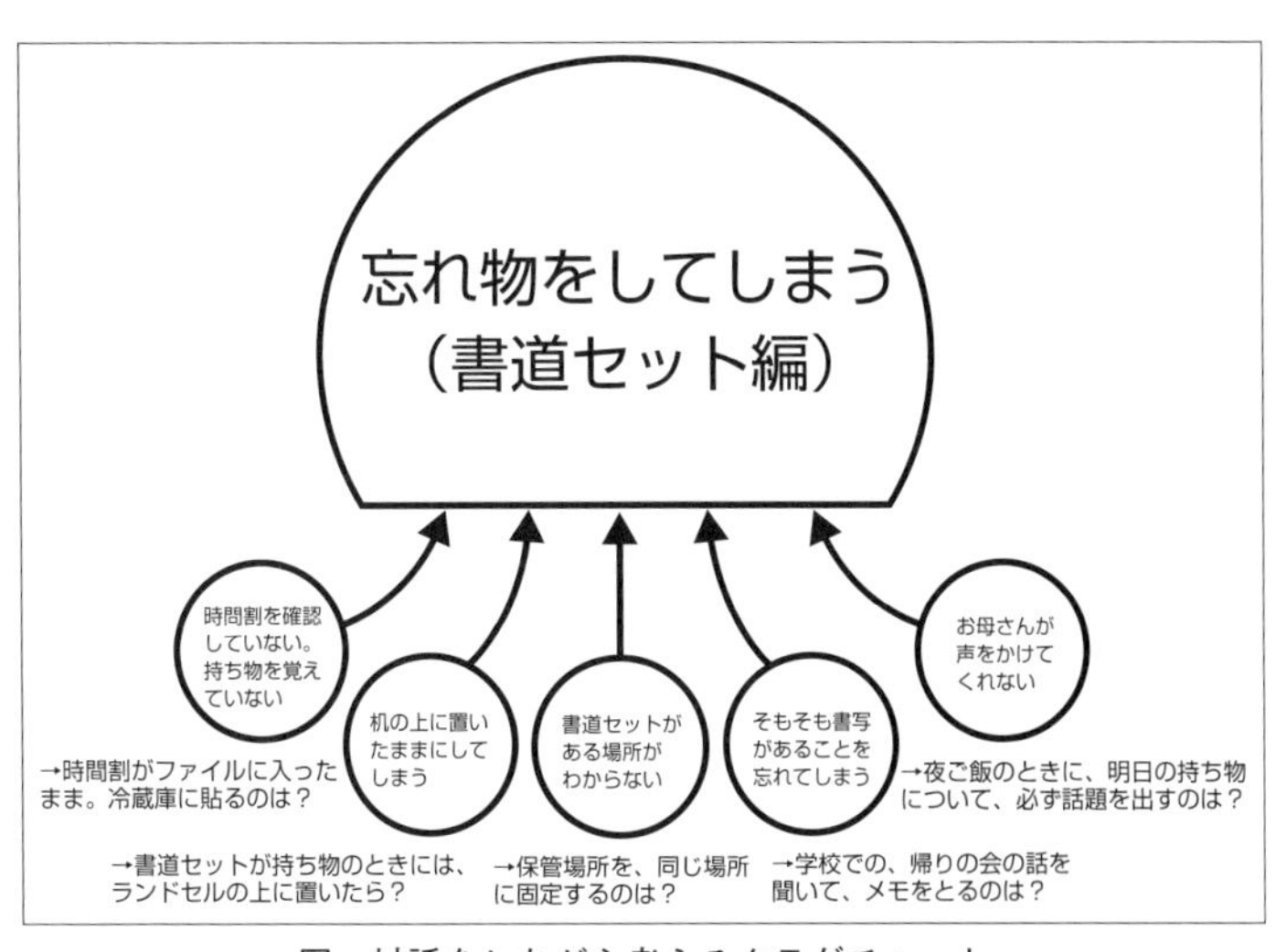

図　対話をしながら考えるクラゲチャート

さい」「提出物はきっちり出しましょう」と語りかけても、改善は期待されませんよね。**当事者である本人と一緒に、思考ツールを活用し、悪い習慣のトリガーを明らかにし、解決策を共に考えた実例を紹介します。**

上記の思考ツールは、「書道セットを忘れたくない」と願う男の子と一緒に対話をしながら、埋めていったクラゲチャートです。

図のように、「なぜ書道セットを忘れてしまうのか？」トリガーとなっている行動や習慣を見極めていきます。

その後は、「じゃあどんな行動なら続けていけそうか？」という観点で話し合いました。5つ示した行動選択肢のうち、一番右の、家族でご飯を食べているときに、次の日の持ち物について話し合うことが、本人にとって最も無理なく続けられそうということだったので、まずは「家族で持ち物について話し合う作戦」からスタートしました。これまでは、自分のプリントファイルにしまっていたままだった時間割表を、食卓テーブルの見える所に置いて、明日の授業について家族で話し合う時間を数分間設けることを習慣づけ、この子は書道セットを忘れなくなりました。さらには、その他の忘れ物も激減したのです。

実際のところ、小学校での忘れ物なんて些細なことかもしれません。書道セットも学校用の予備のものを貸すことで解決することができます。でも、じゃあ子どもが「別に忘れたっていいよね。何とかなるから」と注意を怠るのもよくありません。

このように「忘れ物」や「提出物が間に合わない」などの経験を通して、自分の悪い習慣に向き合っていく姿勢を育みたいと考えています。

子どもたちが、小学校を卒業した後の人生では、目の前に立ちはだかる「悪い習慣」とどう向き合うかが重要な課題となります。

「続けたい」と思っている習慣はできるだけ自動化し、簡素化する努力をして、よい習慣を自分の人生の中に増やしていく。

「減らしたい」「辞めたい」「よい習慣の時間が減ってしまう」と思っている悪い習慣は、そのトリガーを見極め、取り組みづらくなる工夫を促します。そうして、悪い習慣を自分の人生の中から減らしていく。

勉強に集中するための自己調整を学ぶ場を、小学校の授業で数多く取り入れていきたいものです。

学び方を学ぶ授業~アクション(集中する力編)

45 悪い習慣を引き起こすトリガーやきっかけを考える時間をとる

46 よい習慣は手数を減らし、悪い習慣は手数を増やすよう教える

コラム4

スタンディングデスクの驚くべき効果

スタンディングデスクは通常のデスクと同じようにも使えるのですが、立ったまま作業もすることができる机です。長時間座りっぱなしの作業に疲れを感じた際、デスクの昇降ボタンを押すと、高さが自動で調整され、立ったままでの作業が可能になります。スタンディングデスクには血流や代謝の改善や、生産性の向上など様々な利点が言及されていました。

私も半信半疑で購入したスタンディングデスクでしたが、その効果は絶大でした。立った状態で仕事をすることで、集中力が格段に向上しました。

「椅子を変える」「観葉植物を置く」「マウスを変える」など、様々な方法を試しましたが、スタンディングデスクほど、効果を感じた取り組みはありません。

つまり何が言いたいのかというと、**子どもたちにも学校で、色々なやり方を試**

せるようにしたいということです。書籍やネットを見れば、集中力を高める方法は無数に紹介されている時代です。

・呼吸を整える　・軽く屈伸などの運動をする　・緑色の物を周りに置く
・視界に余計な物が入らないよう仕切りをする　・勉強用BGMを聞く
・自然音の中で勉強する　・ヘッドホンをして無音状態をつくる
・椅子の高さを変える

このように、たくさん出てきます。しかし、子どもたちが「やってみたい」と思っても、なかなか試すことができないのが現状ではないでしょうか。

子どもたちが自身の集中力を高めるために「何をすべきか」を知ることは、非常に重要です。将来においても重宝するポータブルスキルとなるでしょう。

ですから、**子どもたちが「集中力が向上するかもしれない」と感じる方法は積極的にチャレンジさせてあげたいものです。**

我が家のスタンディングデスク

第5章

継続する力を学ぶ授業

継続は非常に大切なことですが、容易なことではありません。続けたいのに続かない。多くの書籍でも「続ける」難しさについて言及しています。

著作家、俳優、講演家の中谷彰宏さんは続けることの困難さを次のように表現しています。

「したい人、10000人。始める人、100人。続ける人、1人」

作家の金川顕教さんは、1月1日に立てた目標を12月31日まで継続できる人はわずか5％だと指摘しており、習慣化の重要性と難しさを強調しています。

時間管理の専門家で、著作家の石川和男さんも、対談の中で、正月に立てた「今年の目標」を、そもそも覚えている人が100人中7人しかいないと語っています。

このように、実に多くの著者が「続けることの難しさ」を語っています。

私たち教師は、やはり子どもたちに「勉強を続けてほしい」という願いをもっています。**では、子どもたちが学び続けるために、どのような方法が考えられるでしょうか？**

この難しい問いに向かい合っていかなくてはいけない時代です。最も「短期的」に成果が上がる方法を既に私たちは知っています。

学び続けるために、「管理を強め、できなければできるまでやらせる」ことです。

宿題なんかは、よくその手法が取られてしまいます。「プリントを持ってくるのを忘れた人は、新しいプリントを持っていって出しなさい。たとえ、家でやっていたとしても、知りません」「休み時間にやって、それを提出しなさい」など、安易に言ってしまいます。教師側も次々と提出物が殺到するため、一刻でも早く「全員出した」と完了したい気持ちは十分理解できます。

しかし、この方法には大きな欠点があります。この手法で、なんとか学び続けている子は、「先生との関わりから逃れるため」に続けているのです。先生から注意されるのが嫌だから続けているし、先生から休み時間を奪われるのが嫌だから続けています。最終的には、先生の監視がなくなれば、学びも途絶えます。つまり、学び続ける子どもには育たないのです。

どうしたら学びを継続する力を身につけていけるか、共に考えましょう。

学校こそ、継続する力をつけるベストな場所

「勉強ができるようになるには、習慣化が大切」

正しい主張の一つであると思います。しかし、習慣を身につけるために、私たち教師は、しばしば家庭での学習に焦点を当てがちです。

「毎日、宿題のプリントを忘れずやってきているね」

「音読カードを1日も欠かさずにがんばっているね」

もちろん、学校から出る宿題のおかげで、家庭での学習が習慣づいた子もいるでしょう。しかし、一番の問題点は「実際にやっている過程が見えない」ことです。家庭での学習のため、リアルタイムの姿を見ることはできず、プリントやノートなどの、目に見える成果物でしか判断することができません。

「どんな気持ちで取り組んでいるのか？」「どんな試行錯誤をしたのか？」「家庭でどんな

やり取りがあるのか？」前日に書かれた文字から読み解いていくのは限りなく難しいです。

「どうしたら、子どもたちに、続ける力をつけていけるだろうか？」

私は、学校という場こそ、続ける力をつけるために最適な場所ではないかと考えるようになりました。多くの子は、「ほぼ毎日学校に来る」という、とてつもない継続を続けています。しかも8時から15時までいるのです。

２０２３年の9月～10月の2カ月間で考えてみます。学校の登校日数は41日で、休日の日数が20日でした。割合にすると、子どもたちは全体の66％も学校へと通い続けているのです。

家庭の時間ではなく、学校に来たときに、続ける力を身につけてはどうでしょうか。

学校で、リアルタイムで継続する力の向上に取り組めば、その子が「なぜ続けられないのか？」が明確になります。

子どもたちの学ぶ姿を観察すると、「継続できない子」が抱えている問題は主に3つに分類できました。

①やり方がわかっていない

たとえば、計算ドリルに取り組もうとしても、正確な手順がわからず、一人で取り組むことができません。そのような子には具体的な指示を提供し、適切な手順を示します。「まずは取り組むページを決めよう。目標点数と時間を設定してごらん。答え合わせをして、間違っていたところを分析し、復習する。わからなければ、わかる人に聞いてごらん」などと声をかけ、計算ドリルの空いているスペースに箇条書きで手順を書いて、やり方を示す関わりが有効です。

②小さな目標を設定していない

主体的に学習に取り組む子は、自分で勝手に目標を立てて「楽しむ力」が秀でています。何事も楽しみ上手なのです。ただ漠然と作業のように取り組むのではなく、何か自分の中に小さな目標（ミッション）を設定し、それを達成するよう促しましょう。達成できた際には、レベルアップを共に祝福しましょう。

③喜び合える仲間を設定していない

学校での学びが「先生から出された課題を、一人で解いて、先生に提出するもの」が常態化してしまうと、孤立した学びとなり、楽しくなくなってしまいます。

友だちという、「大きなエネルギーを発揮できる存在」を有効活用していますか？

「クラスの最低2人に、今週がんばりたい目標を具体的に伝えましょう。金曜日に目標達成の報告会をしますよ」

このようなたった一声で、子どもたちの続ける原動力となります。自分の目標を「がんばって」と応援してくれた友だちが脳裏に浮かび、背中を押してくれるのです。

学び方を学ぶ授業～アクション（続ける力編）

47 学校の場で、続ける力を身につける鍛錬をする

習慣型国語の提案

国語を必ず1時間目に入れる実践を紹介します。その名も「習慣型国語」と呼びます。国語は小学校の全学年、毎日の授業に登場するという特性をもっています。その特性を生かし、朝読書の落ち着いた流れのまま、一気に国語の学びを駆け抜けます。

習慣型国語の手順は次の7ステップです（勤務校の実態に合わせて調整してください）。

❶時間割作成時に国語を必ず1時間目に入れる
❷朝読書10分【読む力を育てる】
❸ペアトーク5分【話す聞く力を育てる】
❹漢字トレーニング5分【漢字力、学習力を育てる】
❺選択式国語の基礎トレーニング5分（次の4つから自分が必要だと感じている学習を選択）※教師が個別に勧めることも有

（1）語彙力トレーニング【語彙力と書く力を育てる】
（2）音読トレーニング【音読力を育てる】

（3）読解力トレーニング【正しく読む力を育てる】
（4）漢字トレーニング応用編【漢字力をより伸ばす】
❻必修課題　約35分【教科書を活用した学習】
❼自主トレーニング　約5分【国語に関することであればOK】
朝読書や朝の会での活動もすべて「国語力のレベルアップ」と認識し、取り組みます。
毎日65分間の国語の学びが継続できます。

「習慣型国語」の最も優れた点は、次の毎日国語4領域の活動が確保されていることです。

毎日【読む力を使う場面】
毎日【話す聞く力を使う場面】
毎日【漢字力、語彙力、音読力を鍛える場面】
毎日【書く力を使う場面】↓振り返りを必ず入れたり、帰りの会での振り返りジャーナルの活動を入れたりすることで毎日書くことができます。

たとえば、教科書の学習しか勉強しないのであれば、2カ月に1回程度しか【話す聞く力】を鍛え、認識する場面がありません。しかし、ペアトークで毎日【話す聞く力】と向き合っているからこそ、**教科書での「話す聞く単元」の学びが巡ってきたときに、「自分**

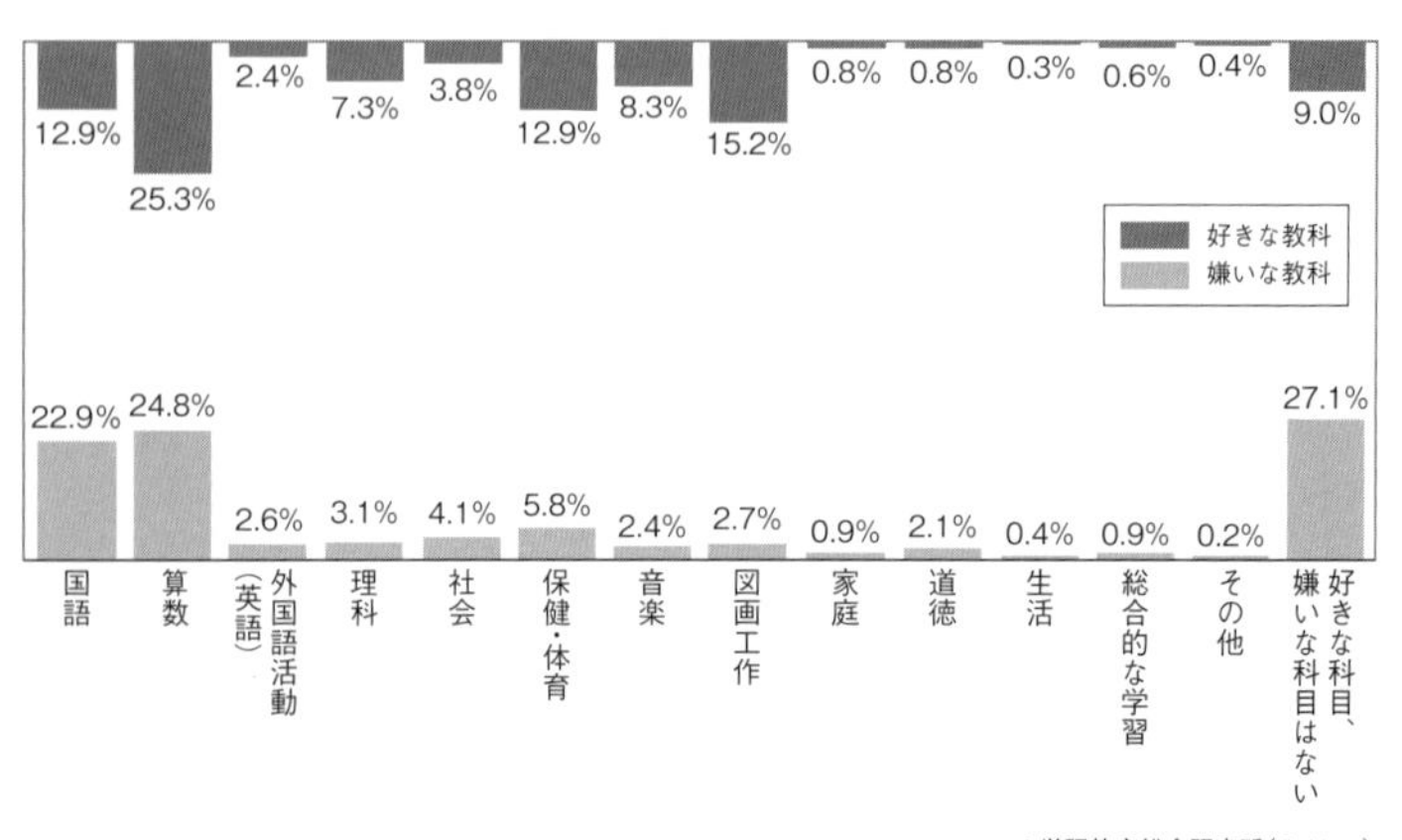

図　学研総合研究所のアンケート結果

事」として頭に入ってきます。教科書の学びを「日常で生かす場が常にある状態」は国語の学びにおいて重要です。なぜなら、力がついたら、日常にメリットがあるからです。

国語が嫌いだったら、毎日嫌いなことがある学校生活になります。

学研が1200人の小学生を対象にしたアンケート結果は図の通りです。

時数の多い国語・算数の2教科は「好き」も「嫌い」どちらも多いことがわかります（上が好き、下が嫌いの割合を示しています）。しかし、国語は算数と比べて「好き」と答える人が半分程度しかいません。

国語は毎日ある教科です。**国語が嫌いな教科であると、毎日嫌いな時間が必ず存在する学校**

生活となってしまいます。せめて、「嫌い」→「嫌ではない」にしたいところです。国語が好きな教科だと、毎日好きな時間が必ず存在する学校生活へと変わります。

国語が好きなら、毎日が楽しい。

国語はすべての教科の基盤です。国語を毎日の1時間目に設定し、学習の習慣化を促進しましょう。

※習慣型国語の実践についての詳細は、noteに記事を投稿しています。noteのサイト内の検索機能で「シュン」と検索し、クリエイタータブをタップしていただけると、見ることができます。

noteのサイトはこちら

学び方を学ぶ授業~アクション(続ける力編)

48 国語は全教科の土台。国語を毎日1時間目に入れて、継続力を高める

水辺に連れていけば、そのうち水は飲む。そこを見逃さない

中国に「馬を水辺につれていけても、水を飲ませることはできない」という、ことわざがあります。本人にその気がないのに、周りの人が強制しても無駄であることを意味しています。

大変共感する言い伝えだと感じています。しかし、最近は次のような観点も大事にしています。

水辺にいれば、そのうち水を飲む

前述した通り、多くの子は「学校に来る」「教室にいる」という物凄い習慣化を成功させているともいえます。学校に来るのも億劫だったのにもかかわらず、嫌いな勉強まで強制されるのですから苦しい日々ですよね。本当によくがんばっています。

そんな子たちから教師の「強制する」要素を少し取り除いてみて、「ほっといたら、そ

のうちやるんじゃない？」という余裕をもった気持ちで接することも、時には大切だと考えています。

かつての教え子に、体育の振り返りシートを一言も書かないAさんがいました。学年での体育を終えた後、教室に戻った人から順番に3分間、振り返りシートを書く約束になっていましたが、Aさんだけは一切書きませんでした。

T：どうした？　鉄棒の振り返りはできた？

A：いや、できていません。

T：じゃあ先生に教えて。今日の体育、できる技をさらにレベルアップすることができた？

A：できたよ。

T：おっ、詳しく教えてくれる？

A：前方支持回転のフォームが、少しカッコ悪かったから……

このように話しかけたら、振り返りができる子でした。しかし、自発的には、体育の振り返りカードは書きませんでした。書く力がないわけではありません。国語の活動でも、自分の考えや感想をもち、書くことができる力がある子でした。

毎回、私がAさんだけに直接話しかけることもできたのですが、Aさんには自分から振り返りカードに取り組む力をつけてほしいと思いました。彼はできるのですから。

ここで、教師が「強制の力」を強くしたのであれば、Aさんは必ず提出するでしょう。

・毎回出すまで言い続ける

・出さないと〇〇など罰則的なルールを決める

でも、これでできるようになっても、「自分から動き出す力」はついていません。Aさんが自発的に振り返りカードを出せるようになるはずと信じていました。

水辺にいれば、そのうち水を飲む

きっとAさんは、いつの日か、自分から振り返りカードを書くと信じて、「本人の試行錯誤」や「環境の工夫」に注力するようにしました。

本人の試行錯誤

Aさんに「どうして体育の振り返りカードは難しいの？」と聞くと「面倒だから」と答えました。大好きな体育が終わった後の、書く作業が億劫な様子でした。私は尋ね続けました。

「**じゃあさ、どんな工夫をしたら、面倒だけど大事なことを続けられると思う？**」

Aさんといくつかアイデアを出し合いました。

・一番に帰ってきて、一番に書き始める作戦
・授業中に、書くことをメモしておいて、それを写す作戦
・別の時間に、いくつかまとめて書く作戦

Aさんが考えた作戦をどんどん試し、続けられそうなものを探してもらいました。

環境の工夫

彼が振り返りカードを書きたくなる環境を整えることにも注力しました。これまで書く場所を教室に限定していましたが、体育の授業中にも書けるような仕組みへと変えました。個々の課題に向かう中で、何か発見した人は、すぐにメモをとれるように変更したのです。

ある日、Aさんが「書けた！」と自分から振り返りカードを出したのです（詳細は次の章へ）。

学び方を学ぶ授業～アクション（続ける力編）

49 先生に言われなくても、自分から続けられる方法を試すよう支える

あなたは「続ける力がある人」だね

振り返りカードを自分からはまったく書かないAさんの続きの話です（まだ読まれていない方は、前の頁からお読みください）。

Aさんは、なんと教師からの促しがなくとも、自分から振り返りカードを書いて、提出してきたのです。しかも、かなり誇らしげにです。

私は、ここを見逃すまいと決意しました。雪が降り積もっていた記憶がありますから、かれこれ半年以上はかかったのではないかと思います。

私が振り返りカードを初めて自分から提出した彼にとった行動は3つです。

① 明るい反応

自分から動き出したことに驚き、反応しました。俳優になった気持ちで、目を丸くし、激しく驚きました。

「Aさん。これ、自分から書いたの？　先生何にも言ってないよ⁉　ええっ⁉」

これはAさんに限った話ではありませんが、「価値づけたい行為」が行われた場合、私は「1トーン明るく、反応する」ということを意識しています。

どの行為にも反応するし、「先生、見てみて！」と言われれば当然反応します。しかし、「これはよい！」とメッセージを伝えたいときは、**大きく明るく反応する教師の関わり**を心掛けています。

② インタビューする

「すごいじゃん！」「やればできるじゃん！」「また明日も期待しているよ！」とほめたたえて終わってしまわぬように心掛けました。主体的に動いた行為を何度も繰り返してほしいと願うからです。「教師が喜んでくれるから続けている」状態には、いつか終わりがあります。そこで次なる手は、**インタビューをして「なぜできたのか」を言語化して引き出すことです。**

T：Aさん、ちょっといい？　どうして自分から書けたの？　そして提出できたの？

A：友だちが書いている横で一緒に書いたんだよ。

T：えっ？　誰と一緒に書いたの？

Ａ：Ｂさん。Ｂさんと一緒に教室で書いたんだ。

Ｔ：Ｂさんと一緒だと何で書けたのかな？

Ａ：話しかけたら、「ちょっと待ってね」って言われたから、自分もその横で書いちゃおうって思ったんだ。

インタビューによって、Ａさんは、「振り返りに取り組むＢさんの横だと、自分から書けた」という言語化が引き出せました。再び同じことが起こるように、次のような声をかけて、ワークシートにスタンプを押しました。

Ｔ：そうかそうか。Ａさんは、Ｂさんと一緒だったら「面倒だな」ってことも、乗り越えられるかもしれないね。次から「Ｂさんと一緒作戦」を使うと、また自分から振り返りカードを出せるのかもしれないね。

③　次の機会を気長に待つ

「一度できたのだから、また次もできるはず」と期待してしまいますが、人間はなかなか急に変化することは難しいです。「あの日はできたのに」と考えず「また次の機会を気長に待つ」くらいの余裕をもって関わりましょう。

Ａさんの振り返りシートの例で言えば、自分から振り返りを書いて先生に提出するまで半年間かかりました。したがって、２回目の提出が「１カ月後」だったり「４カ月後」だとしても、これは成長だと捉えていいでしょう。かたつむりくんからのお手紙を待つような気持ちで気長に待ちましょう。**教育に即効性を求めると、いいことがあまりありません。すぐに変わったものは、すぐに戻ってしまいます。**

結局Aさんは、3月で私のもとを離れるまでに、自ら振り返りカードを出すようになりました。出す度に「Aさんはすごいね。最初の頃は、出すのも面倒だったのにね。続ける力があるね」と声をかけました。次の担任に変わった後も、変わらずに振り返りカードを出し続けたようです。

学び方を学ぶ授業~アクション（続ける力編）

50 子どもが自分から動き出したら、明るく反応し、インタビューし、その後も気長に待つ

自分が怠けない方法を考えなさい。色々試しなさい。先生はそのうちいなくなるのだから

想像してください。子どもたちが、どこで、どんなふうに学習しても構わないし、一人で学んでもいいし、友だちと学んでもいい。そんな授業計画をしたとします。

とあるグループが「図書室の本を調査したいので、図書室に行ってもいいですか？」と聞いてきました。「はい。いいですよ」と教師は許可を出します。10分後、図書室を訪れると、そのグループは、本などまったく開かずに、昨日のゲームの話をしたり、パソコンでゲームのキャラクターを調べたりしていました。

教師が図書室に入った様子に気づくと、「どの本がいいかな～」と学習の対話をずっとしていたフリをしたり、パソコンのタブボタンを操作し、ゲームのサイトを見えなくしたりしました。

みなさんなら、どう感じますか？　そして、どんな対応をしていきますか？

子どもたちに任せる授業を志している皆さんにとって、とてもリアルな問題であり、向き合い続けていかなくてはいけない課題だと思います。是非、ペンを片手に考えてみてください。

①その状況を見たとき、どう感じますか？ ↓ ②今後どのような対応をしていきますか？ ↓

それでは、共に考えていきましょう。

20代前半の私は次のように考えて、行動していました。

①イライラする。図書館で学ぶって言っていたのに、裏切られた

②教師の目から離れた場で学ばせるのを一切やめる。教師の目の前で取り組ませる

しかし現在は次のように考えて、行動しています。

①この子たちは、まだ「教師の目から離れた場」で学び続ける力がついていない

②何を考えさせたらいいだろうか。何から始めれば、自分たちで学ぶ力がつくだろうか

結局、管理を強めて、教師の目の前で学ぶように戻したとしても「自分たちだけで学ぶ力」はつかないまま、教師の元を離れることになります。

教師が管理を強める。教師がサボらないように工夫する。教師がタイマーを使いコントロールする。教師が子ども同士の距離を離す。教師がおしゃべりする班編成を辞める。多数の「教師が主語」の手立ては存在しますが、1人の大人が30人の子どもの「学ぶための手立て」を毎時間考えていくのは無理があります。

根本的な解決策は子ども自身（学習の当事者）が、「どうしたら自分は怠けないのか？」「どうしたら目標達成できるのか？」「どうしたら授業が暇な時間ではなく充実した時間になるのか？」を考え、試行錯誤を繰り返してもらうことです。

小説『レミゼラブル』の著者は、小説を書くたびに使用人に服を脱いで渡し、日が暮れてから持ってくるようにし、誘惑を打ち切っていました。

ギリシャ神話の人物オデュッセウスも、セイレーンの甘い歌で誘惑されないよう、部下

には耳栓をさせ、自分自身は体を鎖で縛りつけて、セイレーンの領域を抜け出しました。

著者である私も、本書『学び方を学ぶ授業』を一人でも多くの方に届けるために、スマホに10時間のロックをかけたり、自習室で書いたりと試行錯誤しています。

子ども自身に誘惑に負けずに学び続ける方法を考えさせましょう。子どもの人生ですから。小学校での失敗は失敗ではありません。次に繋げ、どうしたら、「自分で学ぶ力」をつけていけるか支援しましょう。

学び方を学ぶ授業 ～アクション（続ける力編）

51　自分自身で誘惑に負けず学び続ける方法を考え、実践してもらう。教師の目だけを気にしているあなたは、まだまだ成長できる余地があると伝える

仲間がいる学校

習慣化には、一緒に取り組む仲間が必要であると言われています。

共に高め合える、励まし合える仲間がいることで「よしっ。今日もがんばるか」と、もうひと踏ん張り前に踏み出すことができます。大人になると、なかなか同じ志をもつ仲間を見つけて情報を共有するのは難しく、コミュニティーに入り、互いに切磋琢磨できる人をオンライン上で探している人も多いのではないでしょうか。

学校の強みは、オフライン上に信頼ができる仲間がいることです。その強みを最大限に生かして「同じ友だち同士」が高め合える仕組みを構築することが効果的です。

たとえば、私のクラスでは「プロジェクト」ごとにチャット式の掲示板を開設しています。「2週間後の漢字テストに向けてがんばろう」という短期完了型のプロジェクトもあれば、「毎日1時間家庭学習をしよう！」というような長期間に渡るプロジェクトもあります。

発起人が計画をして、クラスに募り、5名以上集まれば掲示板を開設するようにしています（左の図参照）。

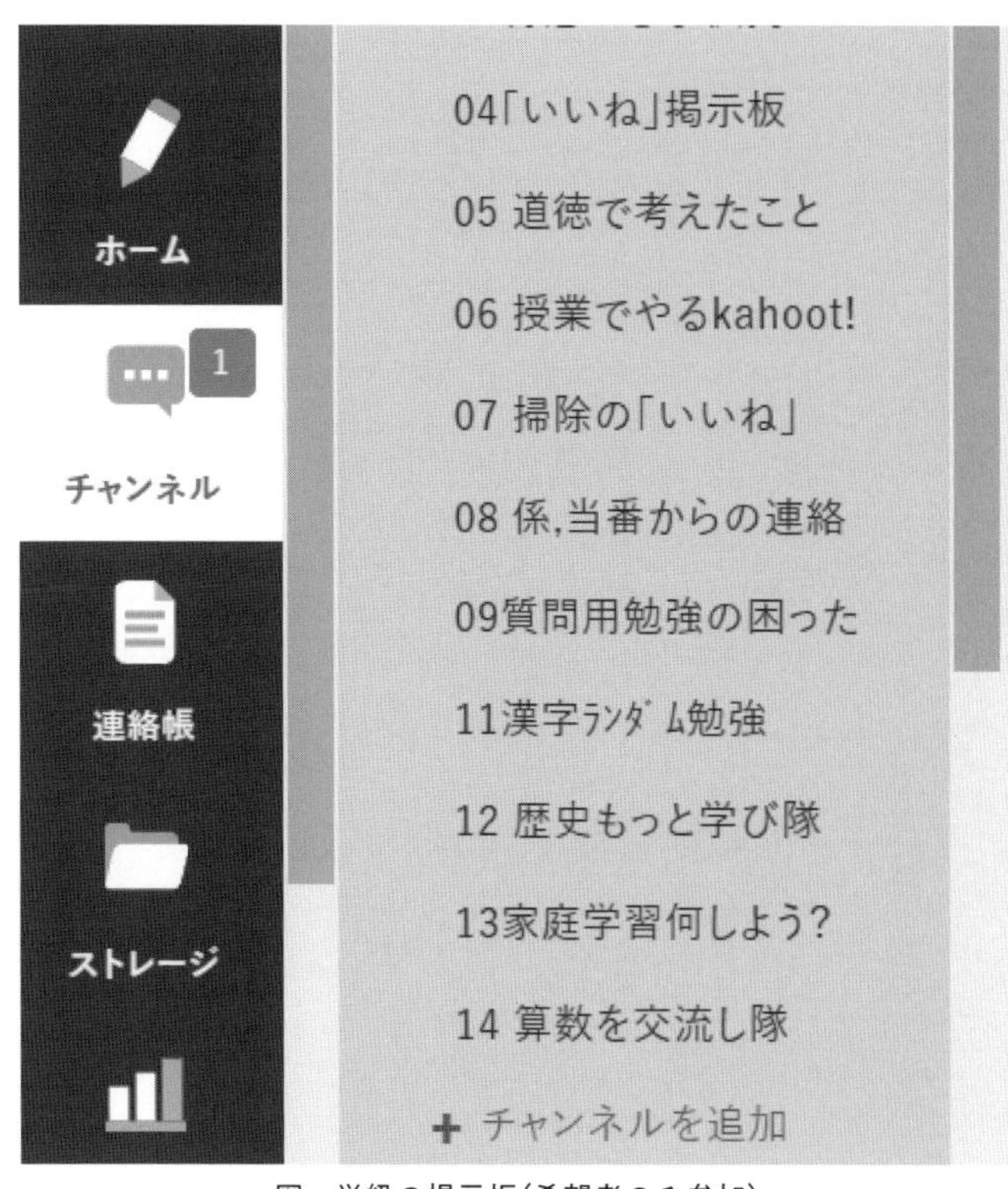

図　学級の掲示板(希望者のみ参加)

教師も必ずグループには入るようにしていますが、掲示板での交流には基本的には入りません。見守っていることを示すために、いいねボタンだけは押すようにしています。

6年1組 11漢字ﾗﾝﾀﾞﾑ勉強

10/5 19:50

～毎回漢字のテストで満点をとることができている私の漢字の勉強の仕方～

6年生になってから毎回漢字のテストでは満点をとることができている私の漢字の勉強法を皆さんにお伝えしていきます!!これで皆さんのお役に立てると嬉しいです!!

～一週間の過ごし方～
☆赤猫のテストがある週
月曜日→その週の赤猫の範囲の漢字を予習。(その漢字の読み方や書き順、使い方などを覚えます。)

火曜日→その週の範囲の漢字が出ているドリルパークのドリルをやる。(例) 熟語の成り立ちの漢字が出る週は、ドリルパークの漢字ドリルの14をやる。必ずは書きドリルはやってみよう!!書きドリルをやってみて、間違えた問題があったら必ずその漢字はノートに書いておこう!!　水曜日→火曜日でやったドリルで間違えた漢字を復習。(例)「縦」という字を間違えてしまったら、全漢字メニューから「縦」を探して復習。　木曜日→もう一度ドリルパークの書きドリルをやって間違えた漢字を復習。もしも間違いがなくても、読み方や使い方は確認しておく。　金曜日→テストが終わって、もし間違えた問題があったら、その問題を復習する。←復習をするの、大切!!　振り返りもしよう!!
☆ランダムテストがある週
月曜日→ドリルパークの漢字ドリルの30～50の「6年生　○休みまでの復習」のどれかをやる。間違えた漢字はノートに書いておこう!!　火曜日→間違えた漢字の例文をノートに書いて、問題を解く。丸付け、忘れないでね!!　水曜日→また月曜日と同じドリルをやる。間違えた漢字はノートに!!　木曜日→最後にこの週で間違えた漢字を全て復習する(例文や熟語)。　金曜日→テストで間違えた問題があったら、その問題を復習する。　振り返りも!!

point!!
・金曜日は、復習・振り返りを大切にしよう!!
☆振り返り
・満足する点数であれば、どうしてその点数を取ることができたのかを書いてみよう!!いい勉強の仕方を見つけられるかも!!
・満足しない点数であれば、どうしてその点数になったのかを書いてみよう!!じっくり間違えた問題を推敲してみよう!!なにが自分は苦手なのかを考える。

図　「漢字プロジェクト」掲示板の様子

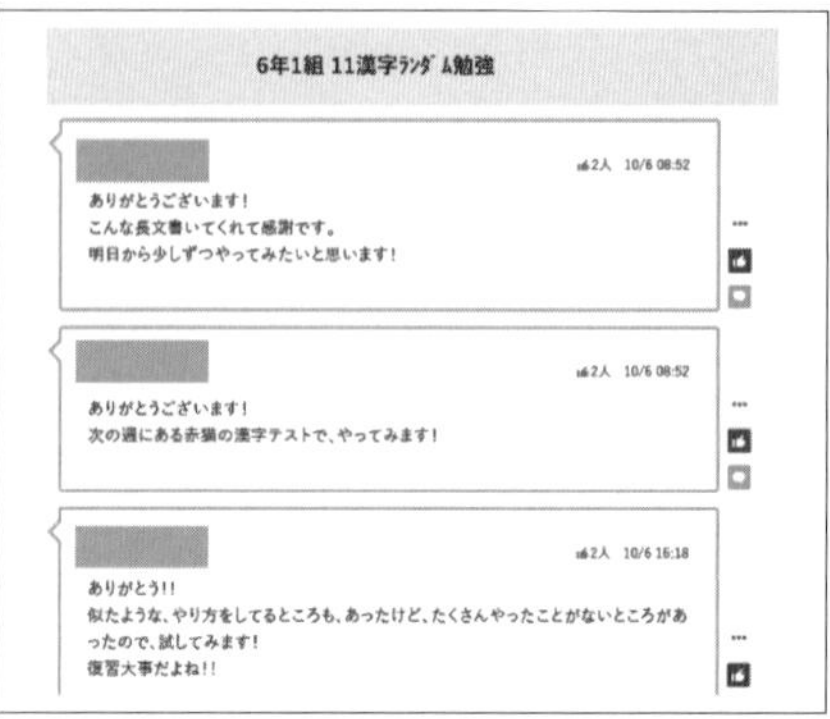
6年1組 11漢字ﾗﾝﾀﾞﾑ勉強

2人　10/6 08:52
ありがとうございます！
こんな長文書いてくれて感謝です。
明日から少しずつやってみたいと思います！

2人　10/6 08:52
ありがとうございます！
次の週にある赤猫の漢字テストで、やってみます！

2人　10/6 16:18
ありがとう!!
似たような、やり方をしてるところも、あったけど、たくさんやったことがないところがあったので、試してみます！
復習大事だよね!!

図　上の投稿に対する反応

学び方を学ぶ授業～アクション（続ける力編）

52 同じ志をもつ人同士の掲示板をつくる。そこで報告し合ったり、問題を出し合ったりするよう促す

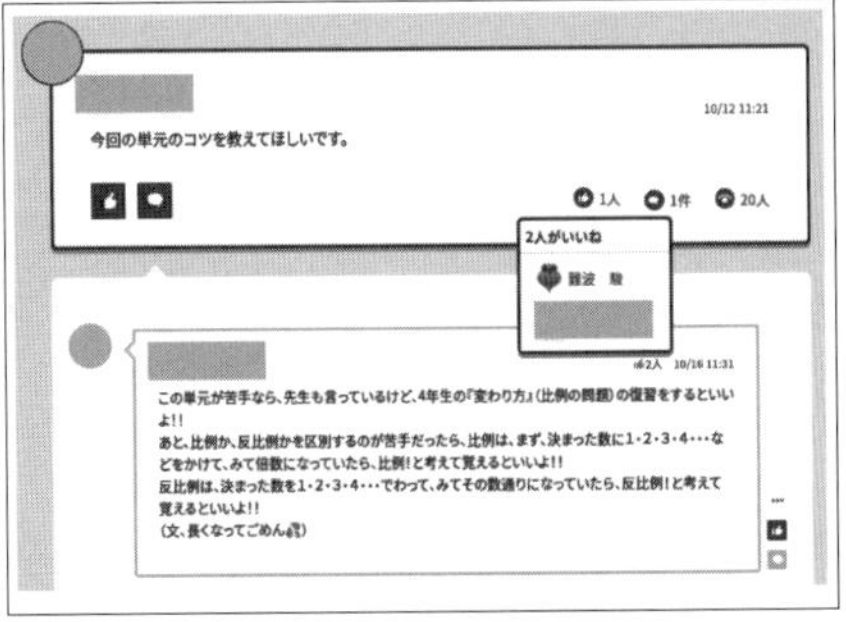

図　「算数苦手克服プロジェクト」掲示板の様子

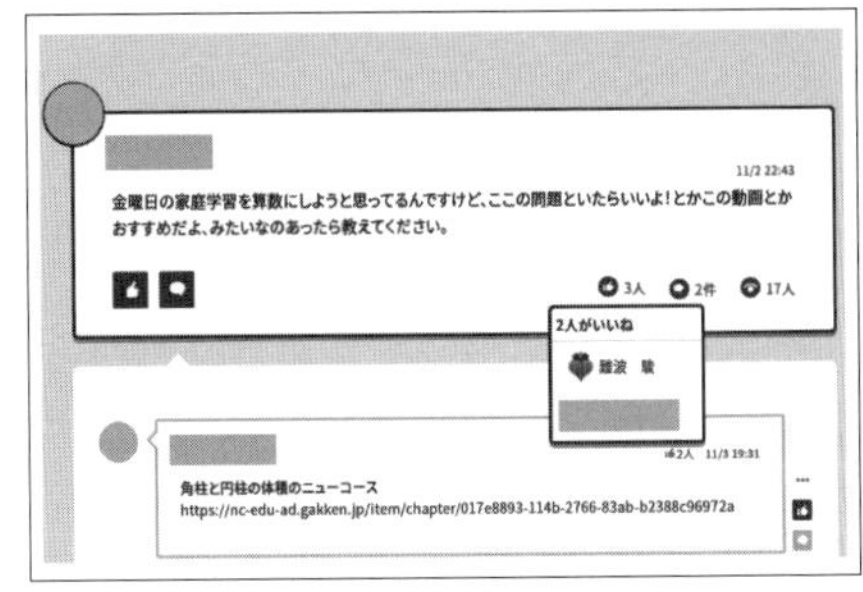

図　「家庭学習何しよう？」掲示板の様子

コラム5 受験勉強を、あんなにがんばれた自分は、何だってできる

「どうしたら、文章をそんなに書けるのですか？」

「勤務時間以外で、どのように自己研鑽の時間を確保していますか？」

ありがたいことに、私個人に関心を寄せてくれる方も多くいます。「時間の使い方」「社会人の学ぶ時間の確保」の観点から自分の人生を向上させたいと考える方はたくさんいます。そんな方に向けたコラムを書きます。

まず、**私の人生で「うまくいったかもしれない」と手応えを感じたのは、「誰よりも圧倒的に量」をやっていると自信をもって言えたときでした。**

・中学時代。部活をしながらも、平日4時間、休日12時間の勉強をしました

・教員採用試験。何も予定がない日をつくり、15時間の勉強をしました
・本を1冊書く前に100冊の関連図書を読みました

「誰よりもやれば、とりあえず結果は出るだろう。後悔は少ないだろう」というシンプルな信念が私を導いてきました。「量より質」という反論もありますが、「質は量を重ねた後についてくるもの」だと思います。現在の自分から見て「過去の○○は無駄だったな」と感じるのは、過去の○○を実体験として積み重ねたからこそ、無駄だと感じ、合理化できているだけの話です。

要するに、多くの無駄も経験しなければ「質を上げる」なんて話も難しいのです（あくまで個人的見解です）。

コラム5で何が言いたいかというと「**やりたいことがあるなら、とにかくやってみましょう。やりまくってみましょう**」ということです。

・本やブログを書いてみたい→めちゃめちゃ書きましょう
・英語や資格の勉強をしたい→社会人の中で一番勉強しましょう
・本を1カ月1冊は読みたい→10冊でも20冊でも読む月をつくってみましょう

こんな回答になります。「いや、でも時間がなくて」という反応があるかもし

れません。

教師になったみなさん！　受験勉強を思い出してみてください。部活をしながらでも帰宅が19時でも、勉強をしていませんでしたか？　通学中も勉強をしていませんでしたか？　受験の数カ月前、何十時間も勉強をしていませんでしたか？　**10代の自分ができたのですから、今の自分も絶対できますよ。**

仕事や家庭で忙しい…。でも、そんな中でも、今よりも一歩前に進みたい「コラム5を読んでいるあなた」を心から応援しています。

第6章

振り返り・メタ認知の力を学ぶ授業

『リフレクション　自分とチームの成長を加速させる内省の技術』で熊平美香さんは、リフレクション（振り返り・内省を示す語）について、次のように述べています。

> リフレクションとは、自分の内面を客観的、批判的に振り返る行為です。「振り返り」「内省」と聞くと、反省や責任追及など、どこかネガティブなイメージを抱くかもしれません。しかし、リフレクションの目的は、あらゆる経験から学び、未来に活かすことです。

「あらゆる経験から学び、未来に活かすこと」

この一文に振り返りの有効性が凝縮されています。

小学校では、子どもたちは毎日45分×6時間もの授業に取り組んでいます。当然「なんだか適当な過ごし方をしてしまったな」とか「先生に注意されちゃったな」「もっとよい方法があったはずだ」と失敗をすることもあるでしょう。そんな**失敗の経験からも学び、未来に活かせるのが振り返り**だと考えます。失敗を失敗のままで終わらせてはいけません。

振り返りの時間はとっていますか？　子どもたちは振り返りの重要性、実感できていま

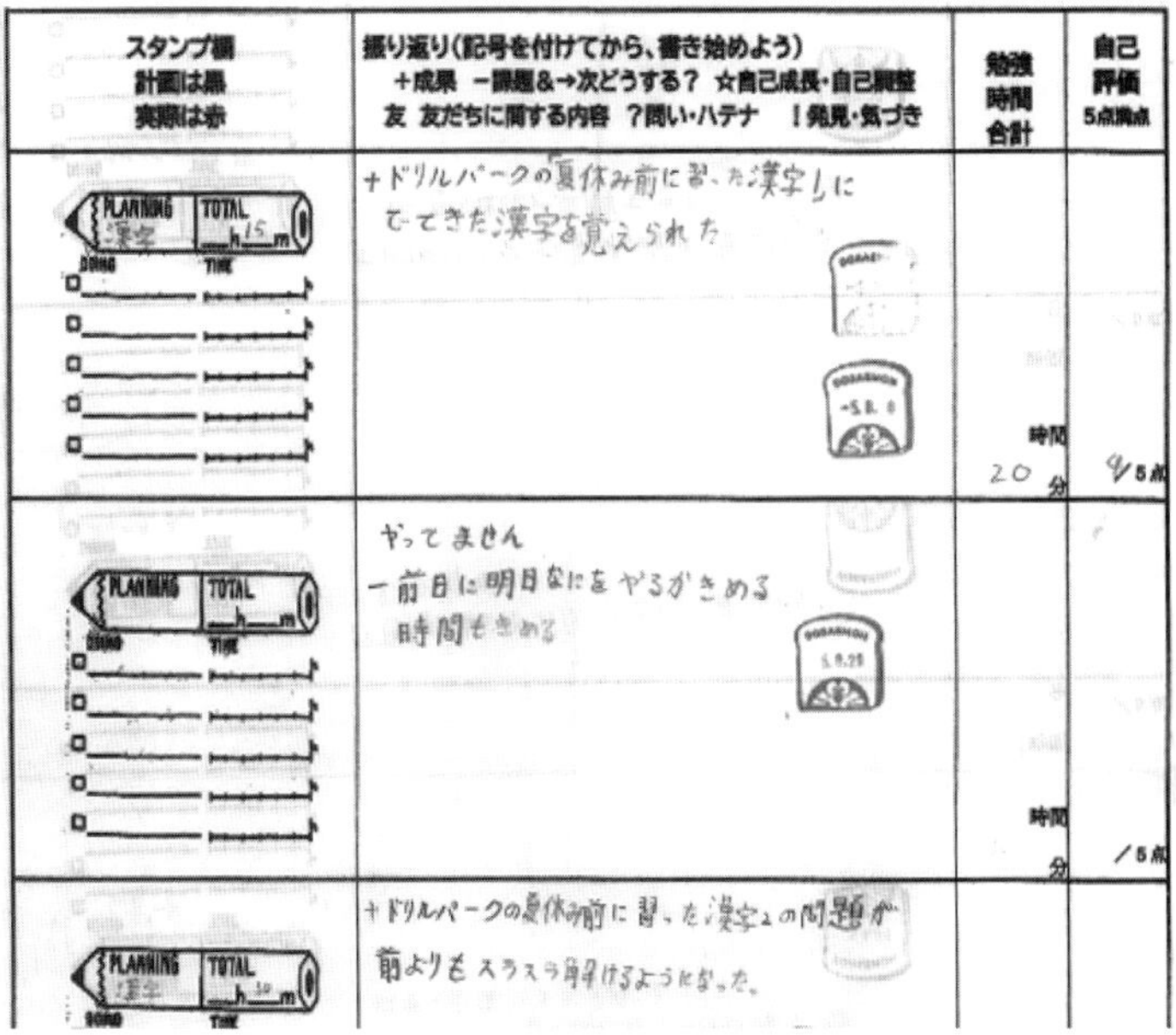

スタンプ欄 計画は黒 実際は赤	振り返り（記号を付けてから、書き始めよう） ＋成果　−課題&→次どうする？　☆自己成長・自己調整 友 友だちに関する内容　？問い・ハテナ　！発見・気づき	勉強時間合計	自己評価 5点満点
PLANNING 漢字　TOTAL h 15 m	＋ドリルパークの夏休み前に習った漢字しにでてきた漢字を覚えられた	20 時間 分	4/5点
PLANNING　TOTAL h m	やってません 一前日に明日なにをやるかきめる 時間もきめる	時間 分	/5点
PLANNING 漢字　TOTAL h 30 m	＋ドリルパークの夏休み前に習った漢字との問題が前よりもスラスラ解けるようになった。		

図　家庭学習の振り返り用ワークシート

すか？　共に考えていきましょう。

　上の図は、家庭学習の提出時に一緒に出している「振り返り用ワークシート」です。真ん中の欄を見てください。「やってません」と書いています。振り返りが充実すると、家庭学習に取り組まなかった日すらも学びへと変わります。誤魔化したり、適当に提出したりしては、このような学びは生まれてこなかったでしょう。

（詳細は198ページ「ガミガミ言うより、自己対話」にて）

よくわからずに言っていた「振り返りを書いてね」

「振り返りってしたほうがいいのかな？」

私は若手の頃、振り返りをその程度に捉えていました。

他のクラスの先生もやっているから、振り返りに取り組んでいるだけでした。授業終了時刻5分前になったら、効果もよくわからずに「5分前だから、振り返りを書いてね。できた人から先生のところに提出してね」と言っていました。もしかしたら、今読んでいる皆さんにも、同じような気持ちで、とりあえず振り返りをやっている状況の人がいるかもしれませんね。

結論からいうと、振り返りは取り入れた方がいいです。毎日、振り返りを書く時間を確保するようになると、子どもたちの成長した一面が見られるようになりました。なぜ振り返りを授業に取り入れるのが有効か、3つの理由をお伝えします。

理由1　客観的に自分と向き合う習慣がつく

振り返りの観点として、最も取り入れやすい観点は、本時の目標に対して自分はどのくらい近づくことができたかです。教科書の単元末の「振り返りの観点」を参考にして、継続して取り組み続けましょう。

自己評価　赤で○をつけよう。

S…　A評価が、物凄く高いレベルで考えられて、練られていて、研ぎ澄まされている。

A…　①伝えたい事や、聞く人の知識や関心に合わせて、資料を作った。
②聞いている人の反応を確かめながら、必要に応じて説明を補った。

(B)…　・A評価の片方ができている
・A評価ができていたり、できていなかったりする

C…　・どちらもできていない（どうしたらいいか、考えていこう！）

ふり返り　＋　－　→　☆　友　！　問　次　の記号をつけよう

＋今日は資料の修正をしました。前回グループで、使っている言葉が難しすぎるのでは？と話しになったからです。使う語句を簡単にできました。
－まだ、反応を確かめながら話す練習はできていません。
→次回３班の○○さんにお願いしているから、ちょっと私達のグループのスピーチを聞いてもらおうと思っています。

図　振り返りのテンプレート

教師から「あなたはできているよ」や「もうちょっとだね」と評価を伝えるのも大切ですが、それと同様に**「自分はできているか？」「どうしたら、もうちょっとよくなるのかな？」と学習者自身が考える習慣も大切**にしてください。

理由2　次の授業の見通しがもてるようになる

「次の時間は○○したいです」
「今日は○○だったので、次は○○したいです」

このような記述を見かけたら、学級で大きく取り上げます。主体性をもって、授業に臨む子どもたちが増えることでしょう。

理由3　教師のアドバイスが届きやすくなる

「もっとこうした方がいい」「次はこうしてみたらいいんじゃない？」

このような他者のアドバイスが伝わるのはとても難しいです。しかし、振り返りの記述を切り口に対話をすることで、アドバイスが効果的に伝わります。

【アドバイスが伝わる対話例】

〈今日は探していた資料が見つかりませんでした（振り返りの記述より）〉

T：図書館のどの場所を探したの？

C：特に場所は決めずに回っていました。

T：次は「〇〇」の棚の番号のところを探してごらん。きっと見つかるよ。

「**振り返りを見る**」→「**質問して掘り下げる**」→「**助言**」の**黄金サイクル**を繰り返して成長を促進しましょう。

振り返りを授業に取り入れるメリットは、次の次頁でもお伝えしていきます。

学び方を学ぶ授業～アクション（振り返る力編）

53 まずは、毎回振り返りの時間をとる。振り返りを習慣にする

54 次時への希望、取り組みたい行動を書いている子を積極的に取り上げる

55 振り返りと対話はセット。対話を切り口に、アドバイスを届ける

振り返りの絶大なるメリット

授業の振り返りだけではなく、生活面の振り返りも習慣化しましょう。**振り返りが当たり前になると、子どもたちが少しずつ自分自身を客観的に分析できるようになってきます。**自分自身を客観的に分析できる力は、教科の力を伸ばすだけではなく、仲間との関わりや物事の捉え方にプラスの影響をもたらします。

教育業界にも振り返りの重要性を唱える声は高まっています。現行の学習指導要領解説総則編には次のような文言が記されています。

> **・児童が自ら学習課題や学習活動を選択する機会を設けるなど、児童の興味・関心を生かした自主的、自発的な学習が促されるよう工夫すること。**
>
> **・児童が学習の見通しを立てたり学習したことを振り返ったりする活動を、計画的に取り入れるように工夫すること。**

このような姿に近づくための一つの実践手法として、私はよく「自由進度学習」の方法を用いています（拙著『超具体！ 自由進度学習はじめの1歩』（左上のＱＲコードより）にて詳細を掲載しています）。

自由進度学習や探究学習、プロジェクト学習などの「子どもに任せる時間」の割合が多い授業構築の場合、子どもたちの「振り返り」はとても重要な役割を果たします。自身の興味・関心を拠り所に「自分が選択した学習」が、果たして「よい方向性」に向かっているのか気づけないといけません。教師の「それはダメだよ」ではなく、自分自身で「あれっ？　これはちがうぞ」と感じ、方向転換をしたり、より前進をしたりしてほしいのです。

超具体！自由進度学習はじめの１歩

振り返りを書くのは、楽しい活動が大好きな子どもたちにとってみれば、なかなか面倒な活動です。「なぜ振り返りを書くのか？」「振り返りを書くと、自分にどんなよいことがあるのか？」を目の前の子どもたちに丁寧に伝えていきましょう。価値づけていきましょう。私が子どもたちに直接伝えている「振り返りのメリット」を3つ紹介します。

図　振り返りを書く前の黒板の様子

①振り返りは「忘れ」を防ぎます
　↓授業内で得た情報や経験を、再び思い返すことで、長期的な記憶へと転化させる効果があります。

②振り返りは、次の授業を「楽しみ」にさせます
　↓次への見通しをもつことで、「〇〇からやろう」と主体的な思考が生まれます。

③振り返りは、「誤ち」に気づかせてくれます
　↓振り返りを通じて、目標と計画の進捗の追跡が行われます。方向性や進度を確認し、誤って

いる場合に気づきを与えてくれます。

振り返りの時間は大切な時間であり、未来へとつながる時間です。教師が真剣に語り続け、振り返りを継続する根気強さも大切にしていきましょう。

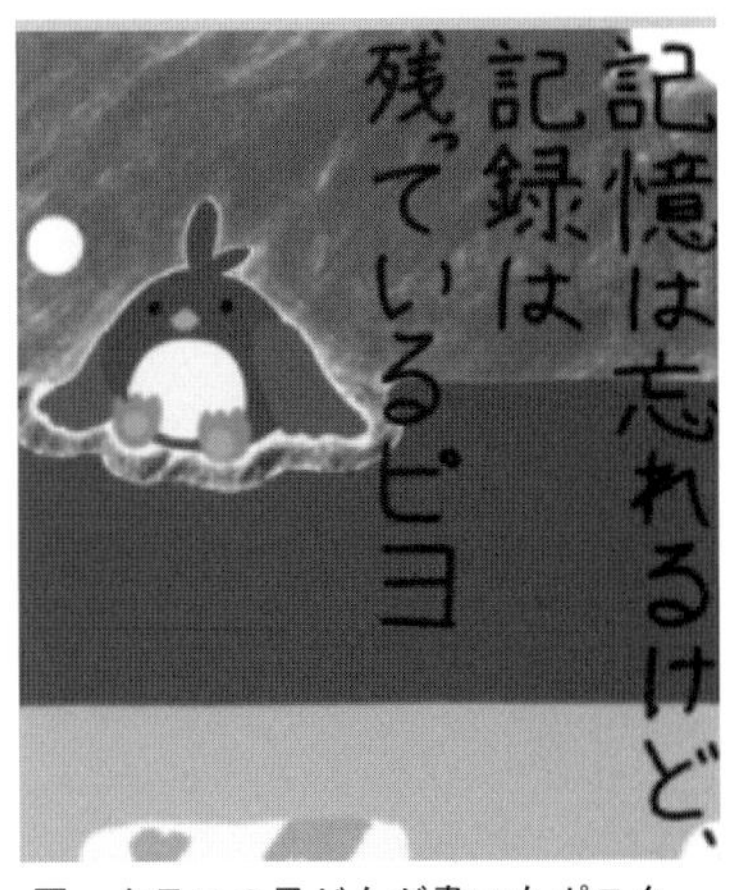

図　クラスの子どもが書いたポスター

学び方を学ぶ授業～アクション（振り返る力編）

56　振り返りのメリットを子どもたちに伝える

一生乗り続ける愛車。その名も「自分」

35人もの大世帯で生活するのですから、子どもの「感情の乱れ」は至るところで起こりえます。「ダメだよ」「もうしないんだよ」とモグラ叩きのように、表面上だけ抑えたとしても、また必ず対人関係のトラブルは起こります。

教師ができる支援として、「自分の気持ちに目を向けること」の大切さを子どもに伝えています。しかしながら、子どもに「今の自分の気持ちは？」と聞いてもなかなか引き出すことが難しいので、日々の授業の積み上げの中で言語化の精度を高めていきます。

国語科を中心に「他者の感情」を想像する鍛錬を重ねる

自分の気持ちがわかるためには、まずは他者の気持ちを想像する習慣が必要です。他者の気持ちを想像する力は国語科を中心に育てましょう。

他者の気持ちの想像が苦手な子は、登場人物が悲しむ姿を読んでも、「俺は、そんなに悲しくないけどね」と偏った読みをするのが特徴です。叙述を根拠に、登場人物の気持ちを丁寧に、客観的に、読み取る土台の素地を養います。

読むこと単元でも、気持ちを表す訓練を重ねます。左上の図、「感情のマトリクス」を使い、物語を読んで、素直に思ったことを書き出す練習をしています。まずは、読み手として、自分はどんな「感想の種」をもっているのか知る手助けをしてくれます。

「感情マトリクス」の非常に効果的な使い方は、それをもちより他者と交流することが可能な点です。

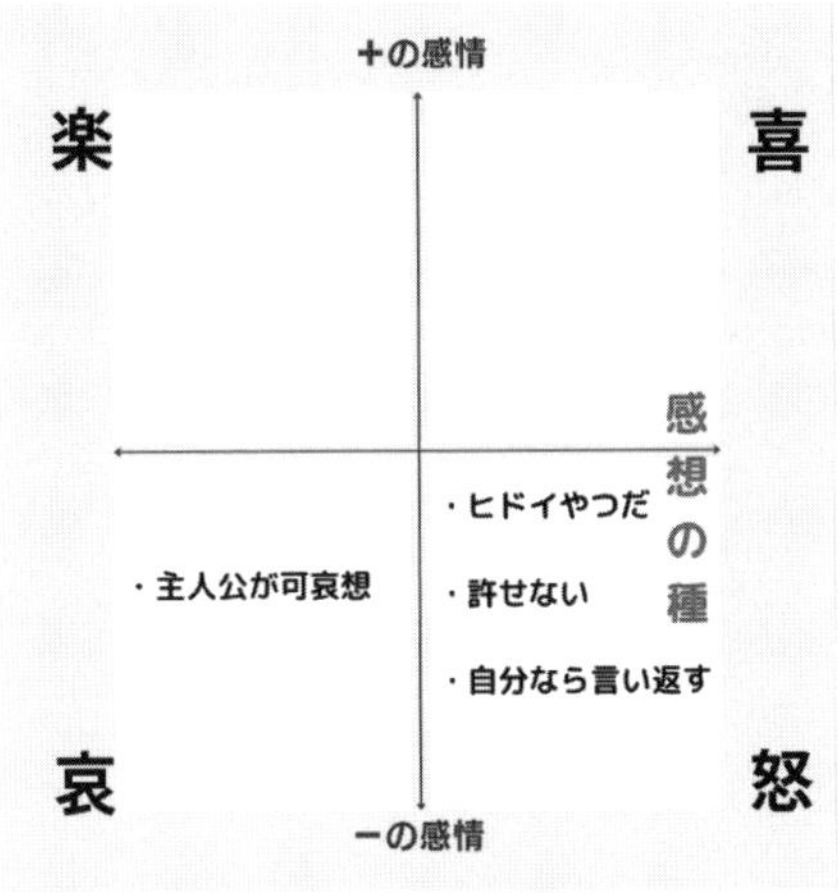

他者と「感情マトリクス」の交流を重ねると、自分とのちがいに気がつきます。**自分は、この物語を読んで、怒りの感情ばかりが湧いたけど、友だちは、悲しみの感情が湧くのか。**

「どうして悲しみの感情なのか理由を尋ねてみたい」と他者に気持ちの理由を聞くための動機が生まれます。

異なる視点に触れ、自分の気持ちの解像度を高めていきます。

図　感情のマトリクス

自分の気持ちを、正しく、言葉にしよう

マイナスの気持ち

□気持ちが悪い　□心配　□こわい　□さびしい　□悲しい　□つまらない　□苦しい　□困る
□くやしい　□おそろしい　□ゾッとする　□あきる　□落ち込む　□なげやり　□きらい　□すねる
□あわてる　□ハラハラする　□ひやひやする　□はんせい　□あきれる　□気分が悪い　□きんちょう
□はずかしい　□はらが立つ　□カッとなる　□あせる　□迷う　□不安　□たいくつ　□頭にくる
□落ち着かない　□心細い　□辛い　□ハッとする　□目をうたがう　□もの足りない　□ぎょっとする
□気落ちする　□くたびれる　□やるせない　□切ない　□気恥ずかしい　□注意　□がっかり
□苦手　□にくい　□悩む　□しぶしぶ　□いい気がしない　□おそれる　□じれったい
□頭をかかえる　□あっけにとられる　□こりる　□苦心　□しんぼう　□こらえる　□ふきげん
□冷や汗をかく　□気が遠くなる　□気が重い　□熱が冷める　□パニック　□むかつく
□しゃくにさわる　□もどかしい　□腹が立つ　□だるい　□やる気が出ない　□落ち込む

図　マイナスの気持ちを表す言葉

「登場人物や他者の気持ちを想像する訓練」と両輪で日々鍛えるべきは「**自分の気持ちを理解する訓練**」です。

・なんだかイライラする
・わからないけど、手を出してしまった

このように学校で困難を抱える子は、「自分の気持ちがよくわからない」のです。なんだかマイナスの感情を感じて、反応的に行動してしまったパターンが多いのです。「自分がなぜマイナスの気持ちになったのか」を詳しく言語化できないまま、固まってしまったり、怒りを爆発させたりします。

表出していた行動は「怒り」なんだけど、後から話を聞くと、「怒り」の根源は「悲しい」や「悔しい」なんてこともよくあります。しかし本人は、教師と対話をする中で初めて、怒りの根っこに気がつきます。

自身の気持ちの解像度を上げるために、右上の図を活用した国語ワークに取り組んでいます。最近あった「マイナスな出来事」をあえて思い出し、客観的に自分の気持ちを言語化するワークです。**自分の気持ちを正確に理解できないと、それを伝えたり、表出したりするのも困難になってしまいます。**自分の気持ちの言語化をする訓練に取り組んでみませんか。

自分という存在を車に例えるなら、自分とは、一生乗り続ける、たった一台の愛車です。どんな道が進みやすくて、どんな道が進みにくいかを知り続けなくてはいけません。メンテナンスも怠らず、調子が悪い日に気づけないと、無意識に他者を大きく傷つけているかもしれません。

学び方を学ぶ授業～アクション（振り返る力編）

57 国語科を中心に、登場人物、他者の気持ちを想像し、ちがいを尊重する心を養う

58 自分の気持ちを、解像度高く、的確に表す語彙を増やす手助けをする

振り返りの具体例を示そう。そして価値づけよう

振り返りがうまく機能しない原因として内容が「抽象的かつ個々人がバラバラな観点で書いている」点が挙げられます。「どんな振り返りがいいのか？」「どのように書けばいいのか？」をその都度丁寧に示し、価値づけましょう。実際に取り組んだ振り返りから効果が高かったものだけ厳選してお伝えします。

・振り返りテンプレート集（ICT端末と組み合わせて、クリック一つでテンプレートが出てくるようにすると超絶便利です）

❶今日学んだことは○○の大切さです　❷新しく気づいたことは○○です
❸昨日よりも○○な力がつきました　❹改善したい点は○○です
❺他の単元（教科）と繋げて考えました　❻○○さんの発言がきっかけでした

振り返りには、型が必須です。型がないと、「楽しかった」など、ただの感想となって

しまう可能性が高まります。

・振り返りの４段階レベル

レベル❶　感想で振り返る　(例)今日の委員会は楽しかった

レベル❷　他者、環境を振り返る　(例)Aさんの発表がなるほどって思った

レベル❸　行動を振り返る　(例)ポスターの構想を話し合った

レベル❹　自分の内面を振り返る　(例)いい案が浮かんでいるのに言えなかった。なぜだろう

レベル❹の振り返りを提出する際、教師と複数回、対話のラリーができると、効果がより高まります。

(振り返り提出時の教師の問いかけ例)

・そうなの？　どんな案が浮かんだの？

・それはよい案ですね？　今度友だちに伝えてみたらどうかな？

・どうして言えなかったのかな？　一緒に原因を考えようか。

・ＹＷＴの振り返り

Ｙ(やったこと)を書く　(例)算数のまとめ問題６つ分、ドリルパーク２つ分

（テーマ）　初めての委員会活動

自分から行動することができなかった。
特に反省している点が2つある。1つ目は、自分から意見を言うことができなかったことだ。2つ目は、6年生として5年生が話しやすい環境を創り出すことができなかった。
まず改善していけるのは「意見を言う」ことだ。自分の考えがあるのに、言わないのは「考えていないこと」と一緒になってしまう。よりよい委員会になるよう、自分ができることをしたい。

（行動転用）

明日のクラスの授業で1時間1回手を挙げる。

図　行動転用型の振り返り

W（わかったこと）を書く（例）基本問題はできている。計算した後に約分をし忘れる

T（次にやること）を書く（例）今日の自学ノートで間違えた問題に再チャレンジする。約分の基礎動画を見直す

教師が「今日はＹＷＴで振り返りをしてね」と言ったら、子どもたちにはすぐ伝わるレベルで日常の授業で繰り返します。大切なことは何度もやります。

・行動転用型の振り返り

教師から見て、子どもたちに考えてほしいテーマがある場合は「行動転用型の振り返り」を用いて、振り返りを行います（図参照）。

①ノートを横向きにする

②2本線を引いて「テーマ」「記述欄」「行動欄」の3カ所のスペースをつくる

③教師から「テーマ」を伝える
④5分間を確保し、子どもは下の欄を書く
⑤提出時の子どもとの対話を大切にする
⑥行動に転用できた子を取り上げる

以上の6ステップで運用できます。

必ず「次の行動」を書き出す仕組みになっているのが重要なのです。反省で終わらずに、次の行動を考えるよう促します。

学び方を学ぶ授業～アクション（振り返る力編）

59　振り返りの観点や書き方は超具体的に伝える

60　振り返りは、次の行動にどう繋げるか？に重きを置いて、書くよう促す

2種類の振り返り。教科の振り返りと学習者としてのメタ認知

振り返りが習慣化してきたら「2種類の振り返り」を当たり前にしたいところです。「教科の目標に対しての振り返り」と「学習者としての自分に対する振り返り」です。

教科の目標に対しての振り返り

教科の指導には、「単元の目標」と「本時の目標」が存在します。たとえば、光村図書の国語科「今、私は、ぼくは」の学習では、毎時間、単元と本時の目標に近づくことができたか振り返る時間を確保しました（左上の図参照）。

子どもが書いた振り返りを読んで、次の授業が、より指導目標に繋がる45分となるよう単元計画を調整します。

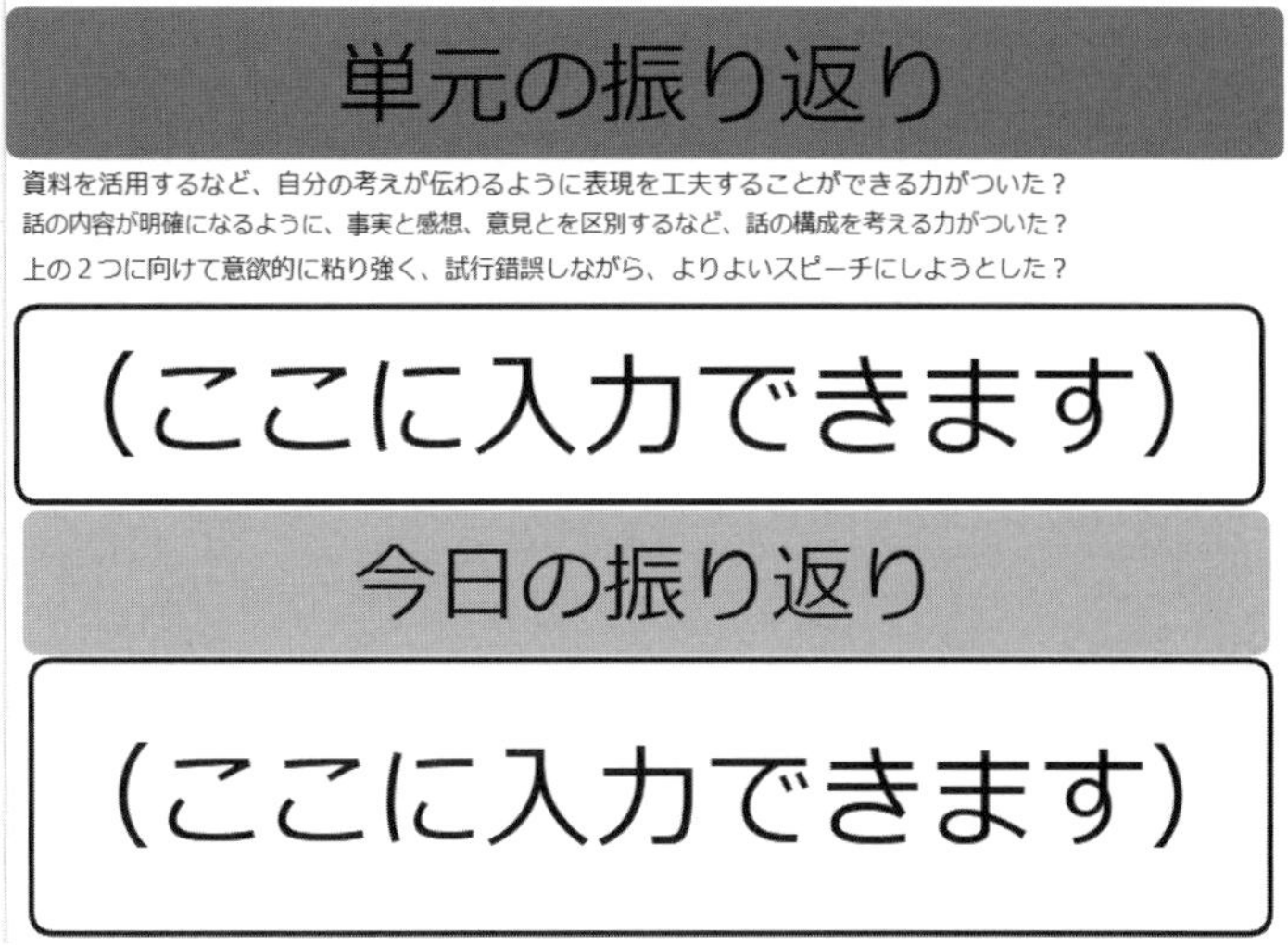

単元の振り返り

資料を活用するなど、自分の考えが伝わるように表現を工夫することができる力がついた？

話の内容が明確になるように、事実と感想、意見とを区別するなど、話の構成を考える力がついた？

上の２つに向けて意欲的に粘り強く、試行錯誤しながら、よりよいスピーチにしようとした？

（ここに入力できます）

今日の振り返り

（ここに入力できます）

図　単元の振り返りと本時の振り返り

学習者としての自分に対する振り返り

　教科指導では、「何ができるようになるか（資質・能力の育成）」を目指して、授業が組み立てられます。

　そこに向かうまでに、子どもたちが「どのように学んだのか？」「今日は、主体的な学びが実現されていたのか？」を自分自身で振り返ってもらいます。

・自己成長しているのか？
・試行錯誤を繰り返したか？
・粘り強く取り組んだか？
・見通しをもっていたか？
・興味をもって、自分から積極的に取り組んでいたか？
・学習状況を客観的に把握しているか？

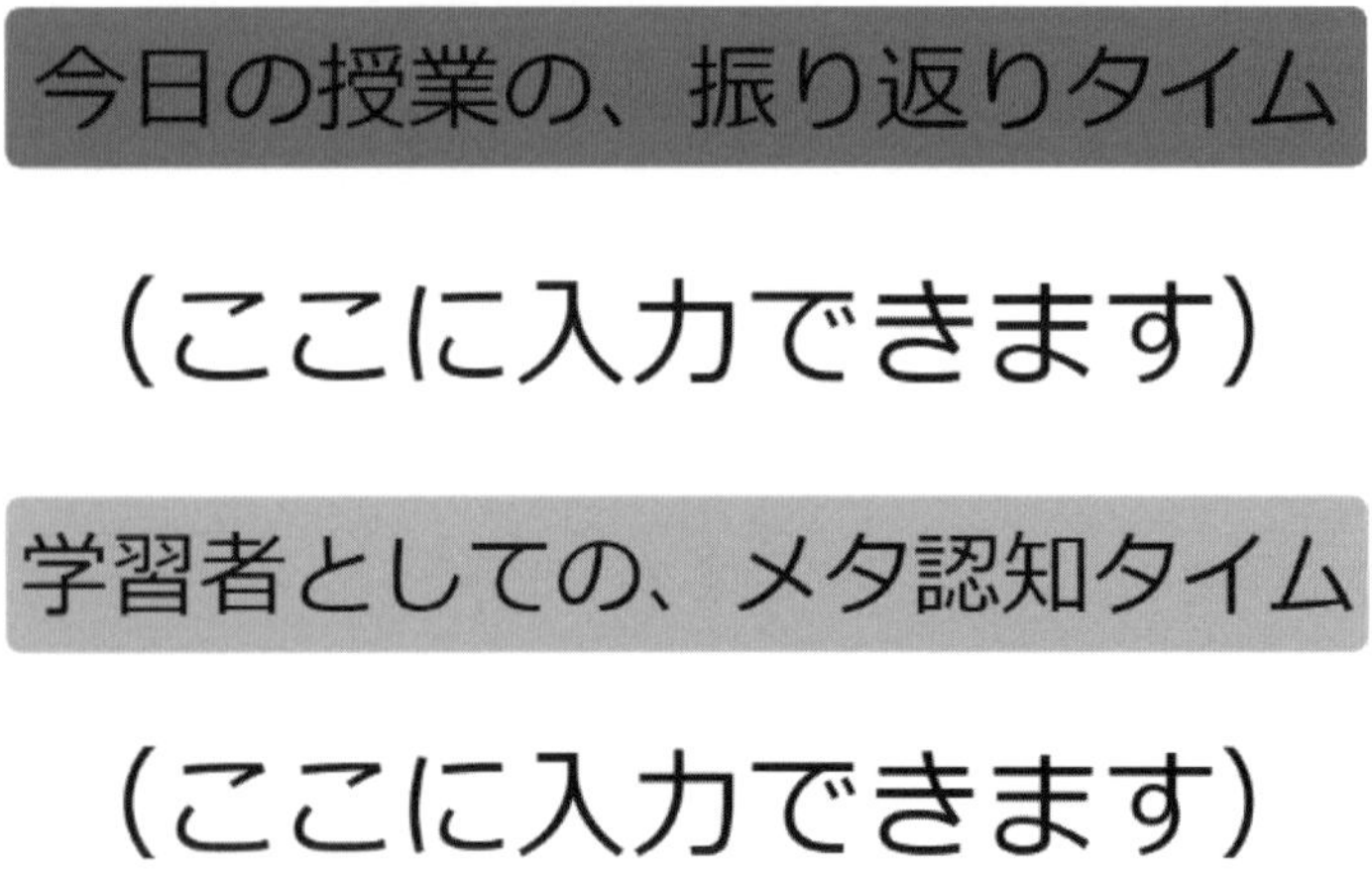

今日の授業の、振り返りタイム

（ここに入力できます）

学習者としての、メタ認知タイム

（ここに入力できます）

図　学習者としての自分に対する振り返り

・学習の進め方について、よりよい方法を探っているか？
・自らの感情や行動をコントロールしようとしているか？

など、子ども自身が考える「振り返り」を継続的にとるよう心掛けています（上の図参照）。学習者としての自分に対する振り返りは、毎時間取り組んでいるわけではありません。特に子どもたちに任せる割合が多かった授業の際に取り組んでいます。

人生何事も「自分事」として考えなくては、成長がありません。教師から一方的に与えられる評価だけではなく自己評価や友だち同士の相互評価も大切にしたいと考えています。

継続的に振り返りに取り組み、よりよ

い学習者としての成長も促していきましょう。

学び方を学ぶ授業～アクション（振り返る力編）

61　まずは教科の振り返り（単元と本時）を習慣化する

62　次に、学習者としての自分自身に対する振り返りも取り入れる

ガミガミ言うより、自己対話

特に10歳を超える小学校高学年からは「自己対話」の時間を多くとるように心掛けています。教師からガミガミと注意を重ねるよりも、よほど効果が高いと感じます。

忘れ物や提出物（宿題も含む）の締め切りが守れない日々が重なると、教師としても、注意をしたくなる気持ちが高まりますが、そんな経験こそ教育活動に繋げていきたいものです。

たとえば、「忘れ物」に関する事柄でも、子どもたちがつまずいている場所は様々です。

つまずき1…そもそも、持ってくることを忘れていた
つまずき2…持ってくるのは知っていたけど、忘れた
つまずき3…持ってきたかったけど、何かトラブルがあって、忘れた
つまずき4…準備はバッチリだったけど、それを持ってくるのを忘れた
つまずき5…忘れたことに心が乱れ、固まってしまい、教師に伝えられない

その子の特性によって、どのポイントでつまずきやすいかは傾向があります。「**つまず**

きポイント」を特定しないことには、対策もできません。そこで、忘れ物が続く場合には、次のようなワークシートに記入をしてもらい、教師と相談することにしています。

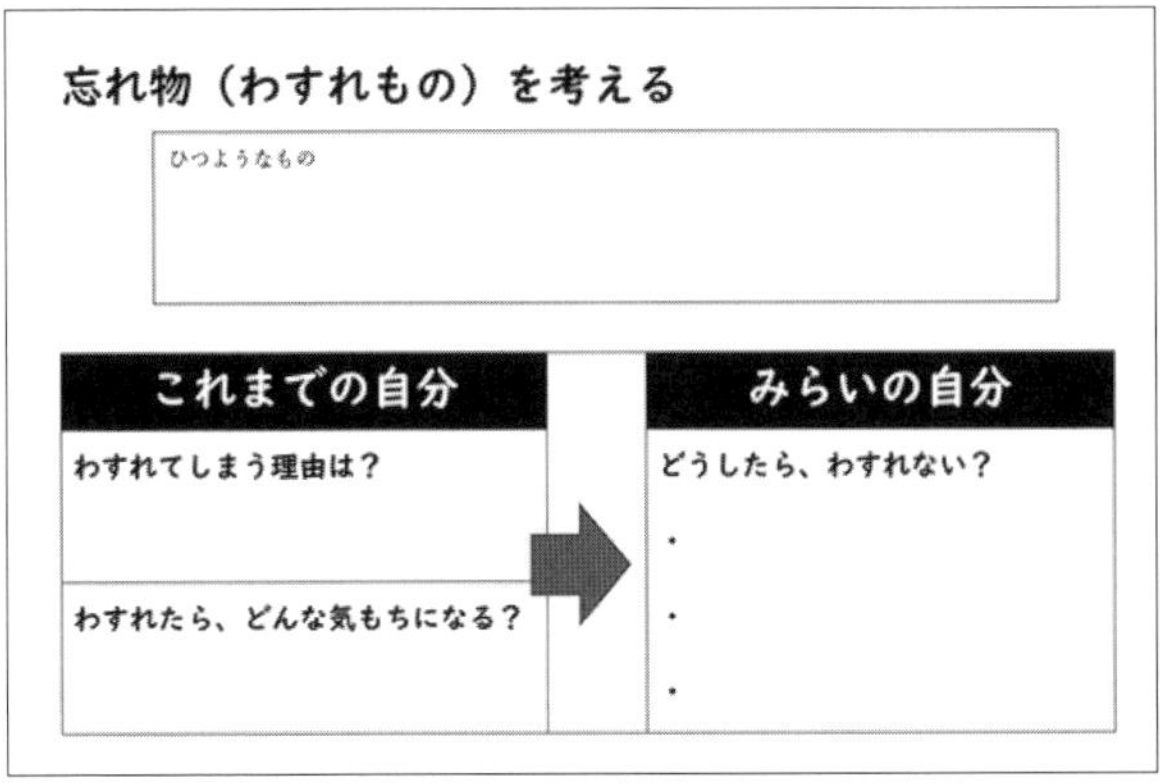

忘れ物（わすれもの）を考える

ひつようなもの

これまでの自分		みらいの自分
わすれてしまう理由は？	➡	どうしたら、わすれない？ ・ ・ ・
わすれたら、どんな気もちになる？		

図　忘れ物と自己対話

予防的な使い方としても、上のワークシートは効果的です。次のように使うときもあります。

T：明日、絵の具セットが必要だね。忘れそうで不安な人はいますか？

C：はい…（半分近くが手を挙げる）

T：じゃあ、忘れ物を考えるシートに作戦を立ててごらん

と言って配り始め、３分間書き出す時間をとると、忘れ物が大幅に減ります。

宿題（家庭学習）を忘れた日の関わり

宿題を忘れた日の関わりも、学びに繋げたいところです。私のクラスでは家庭学習（何の学習に取り組むかは自分で決めてよい。ただし、毎日取り組む

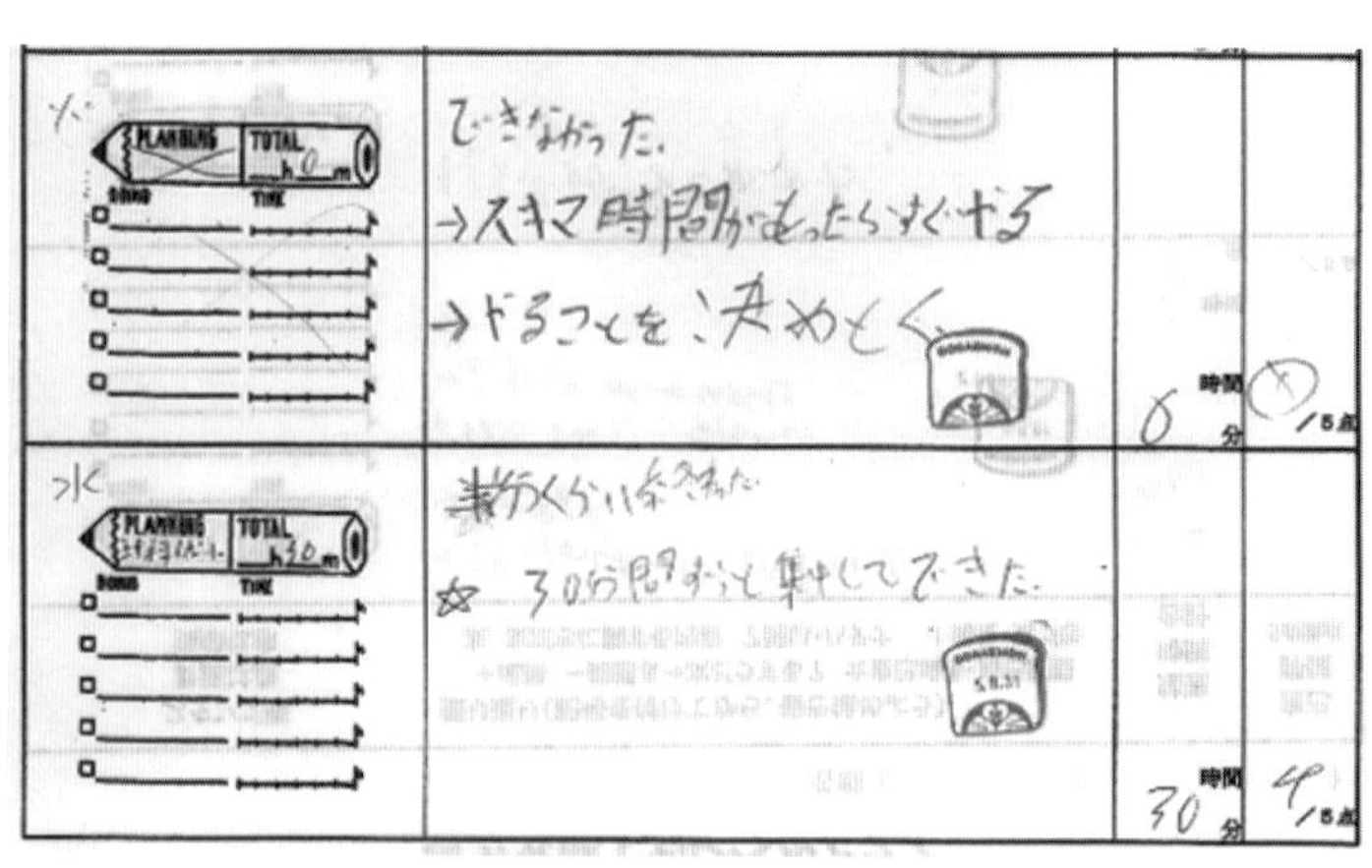

図　家庭学習の振り返りワークシート

こと）の形式を採用しています。

子どもたちは毎朝教室に入ると、朝の身支度をしてから、教師のもとにワークシートと家庭学習ノートを持ってきます。

（対話例）

C：おはようございます！

T：はーい。おはよう！　よい挨拶で気持ちがいいね。元気かい？　←健康観察

C：元気です。昨日は家庭学習できませんでした。

T：おー。そっかそっか。なんかあったの？

C：昨日は夜にやろうと思っていたのが、急な外出の予定が入ってしまって…

T：そうか。やりたいことはあったの？

C：算数の問題で確認したいのがあったので、それはやりたかったんですよね。

T：なるほど。でも自分で、次はスキマ時間に

やりたいって作戦立てているのがいいね。○○さんのスキマ時間って、いつを考えている？

C：お母さんが帰ってきて、ご飯支度している間とかは、結構余裕があるなって思っていて、そこで取り組んでみたいと思っています。

T：OK。いろいろ試してみてね～今日もがんばろう。

このように関わり、未来へと繋げていきます。

「振り返りをすると、自分の人生がよくなっていきそうだ」そのような体験を小学校の日常の授業で重ねてほしいものです。

学び方を学ぶ授業～アクション（振り返る力編）

63 忘れ物をした経験も、本人の学びにつながるように関わる

64 宿題（家庭学習）を忘れたことも、学びへとつながるように関わる

短期（短時間）の振り返りはICT
長期（長時間）の振り返りは紙

何を手書きにして、何をデジタルにすべきか悩ましいところでしょう。

試行錯誤を繰り返した結果、振り返りに関しては、短時間（短期間）の振り返りはデジタルで、長時間（長期間）の振り返りは紙で取り組むのが効果的だと感じています。

短時間（短期間）の振り返りをデジタルで行う理由

理由は「簡単さ」と「保存性」です。

紙での振り返りは効果も期待できる分、「面倒くさい」という気持ちとも向き合っていかなくてはいけません。この**面倒くさい気持ちと振り返りの相性は悪く、腰を据えて客観的に物事を分析しないと効果がないのにもかかわらず「とりあえず一言だけ書いて先生に出そう」なんて気持ちで提出されては何のために取り組んでいるかがわかりません。**その点デジタルの秘めた「簡単さ」はやはり魅力的です。授業終了の5分前に次のような

Googleフォームを配付するだけで、全員が5分以内に振り返りに取り組むことができます。

そして2つ目の大きな理由は「保存性」です。

紙のノートで書き溜めた振り返りは、ノートが変わると見ることができなくなります。

その点デジタルの優れているところは、数カ月以上前に書いた振り返りを、すぐに見返す

2セクション中1個目のセクション

授業の振り返り

「振り返り」で自分を客観的（少し上から…鳥になったつもりで、自分を観察するイメージ）に分析しましょう。
「自分はどうなりたい？」「もっと良い方法はなかった？」「なんで集中できた？」「なんで出来なかった？」「もっと粘り強くできたかな？」「自分を調整できた？」「問いは生まれた？」「発見や気づきはあった？」

具体的に、くわしく言葉にしよう！
→振り返りを面倒くさがる人は、成長していきません！大事なことには、じっくり取り組もう。

このフォームでは、すべての回答者からのメールが自動的に収集されます。 設定を変更

クラス番号 *

記述式テキスト（短文回答）

振り返り項目 *

A: 大いにできた　B: ある程度はできた　C: 多少はできた　D: 全くできなかった　ー: 評価対象外

	A	B	C	D	ー
自分なりに見…	○	○	○	○	○
自らの考えや…	○	○	○	○	○
今日の学びを…	○	○	○	○	○

自分の取り組みで良かった点や得た学び、さらに学びたいことなどを書きましょう。 *

記述式テキスト（長文回答）

質問

記述式テキスト（長文回答）

ファイルのアップロード

本日の作成したファイルがあればアップロードしてください（1ファイル100MB、5ファイルまで可能）。

ファイルを追加　フォルダを表示

図　Google フォームを使った振り返り実践例

Googleフォームを使った振り返りでは、知っトク！情報教育『あるふネッツ』を参考にしています。右のQRコードよりフォームをダウンロードすることが可能です。
https://alfnets.info/google02/

間違えたところを気をつけたら、間違えずに吹くことができた。ソ#をたまに間違えてしまうことがあるから、今度ソ#を吹くことがあるときはもっと練習して上手に吹けるようにしたい。

リコーダーで高い音がふけるようになった。

自分の取り組みで良かった点はいつもよりみんなで集まって合わせて練習できたことです。
さらに学びたいことは自分のところを家庭学習でもやって完璧にすることです。できれば他の人にも教えてあげたりできるようになりたいです。

リコーダーを結構うまくひけるようになったと思う。
楽譜をもう少しはやくよめるようにしたい。

何回もリコーダーと鍵盤ハーモニカをあわせて練習したこと。
更に学びたいのは#ソがどうやったらスラスラ弾けるようになるかを考えて練習したかった。

図　Google フォームでの振り返り一覧

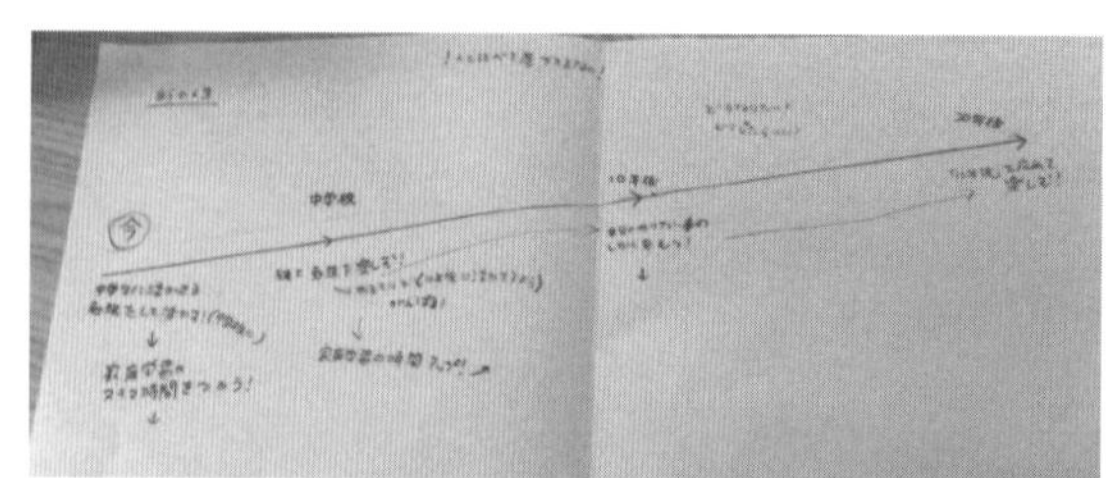

図　1カ月以上の振り返りは紙に書く

ことができる点にあります。

前のページにて紹介したGoogleフォームは、教師側の端末で上の図のように、すぐに一覧で見ることができます。

また、子どもたちの端末でも「自分が書いた振り返り」はすぐに見ることができる設定にしています。**半年間の国語を振り返るときにも、Googleフォームに送り続けた振り返りを見ながら、半年間の国語を振り返ることができるのです。**Googleスプレッドシートとの相性も抜群なので、データ化にも適しています。物語文と説明文の自己評価を、自分でグラフ化して後期の学習への向き合い方に繋げることもできます。日々の授業の振り返りは「簡単さ」と「保存性」の観点からデジタルでの取り組みをおススメしています。

長時間（長期間）の振り返りを紙で行う理由

1カ月以上の期間を振り返るときは、紙を使用し、最低20分以上の時間を確保するようにしています。理由は、じっくりと考えてほしいからです。

小学生高学年ともなると、パソコンのタイピング速度はとてつもなく速いです。しかしそれは、例えるなら、車に乗りながら街を眺めているようなものです。1カ月以上の日々を振り返り、未来へと繋げるためには徒歩で振り返ってほしいのです。

右の図のようなB4サイズの紙を配って、「じっくりと振り返ってごらん」と言いながら、一人で自分の歩んできた学びと向き合う時間をとっています。

学び方を学ぶ授業～アクション（振り返る力編）

65 日々の授業の振り返りはデジタルで、節目の振り返りは紙で取り組む

コラム6

授業時間内に取り組むから、がんばれる。成果を感じる。子どもは授業時間外でもやるようになる

「大事な勉強だから、授業外でも取り組んでほしい」

そして教師は、次のような行動をとります。

・音読を学ぶ授業をした後は、継続してほしいから音読カードを渡す
・計算力を上げたいから、百マス計算の宿題を毎日出す
・漢字は毎日取り組むのが大事だから、必ず宿題には漢字を入れる

過去の私もそうしていました。でも今は、考え方が変わってきています。

「大事な勉強だからこそ、授業時間内で取り組もう」

音読カードの宿題がなかなか定着しない子も、授業時間内であれば、取り組むことができます。音読の練習時間を3分取るだけで、毎日3分の音読力を鍛える

時間が生まれます。

我が子の「家での様子」を観察していて感じますが、「家庭での音読の方が学校よりも集中して取り組める」のは、とても難しいのではないでしょうか。

本コラムで何を伝えたいかというと、**大事なことは、宿題や休み時間ではなくて、授業でやる。そのために、日常の授業の見直しが必要だということです。**

6章で述べてきた「振り返り」も同様です。振り返りは重要な教育活動です。でも、重要だけど、面倒な活動です。教師の指示なしに、勝手に振り返りを書く子など、クラスに何人いるでしょうか。

面倒な活動だけど、大事な活動だからこそ、授業時間内にじっくりと時間をかけて取り組むのです。早く終わった人から休み時間に入れるようにしてはいけません。「家で書いてきてね」としてはいけません。だから、振り返りが雑になるのです。

重要な教育活動を、どこに位置づけるか、教師の腕が問われます。

第7章

協働する力を学ぶ授業

優れた一斉授業。

子どもたちの視線は終始先生に集まる。教師が魅力的な話術と身振り手振りを交え、一気に教材に惹きつける。そして、飽きてきた頃に、追加の資料や、考えさせる問いを全体に投げかける。教師に再び背中を押された子どもたちは一気に45分の授業を駆け抜ける。

このような一斉授業は、本当に素晴らしいと思います。私も先輩方の優れた技量を目の当たりにしてきました。でも、ふと次のような疑問も浮かびました。

あの授業は持続可能なのだろうか？　研究授業じゃなくてもあの熱量なのかな？　金曜日の6時間目もできるのかな？　外での鉄棒の授業から帰った4時間目もできるのかな？

私にはきっと無理だなと思いました。

教師が、そこまで肩ひじ張って授業を進めなくても、子どもたちが集中して学ぶ方法があります。それは、友だちと一緒に勉強しているときです。**どんなに疲れていたとしても、気心の知れた友だちや大好きなあの子と「がんばろう」と声をかけ合えば、がんばれちゃうのです。**

協働する力を、学校の授業で、どのように学ぶべきか？　共に考えていきましょう。

6 時間目、保健の学習を自由進度学習でそれぞれ学ぶ子どもたち。教師が近づいてきていることを、気にもかけません

大好きな友だちがいる学校で、ガムシャラにがんばった経験

授業において、友だちという貴重な存在が有効活用されていないのは、非常にもったいないと感じています。

「授業中は、友だちと関わりをもたずに、黙々とがんばりなさい」このようなメッセージをそれとなく発する授業構成ばかりでは、勉強が好きになっていくはずもありません。

子どもは、授業よりもずっとずっと友だちが好きなのです。NHK放送文化研究所が12歳〜18歳の1800名を対象に行った調査によると「学校は楽しいか」との問いに対して、肯定的に答えた人に、何が一番楽しいか選択肢から挙げてもらうと、「友だちと話したり一緒に何かをしたりすること」と答えた人が、驚愕の73・7％にも及びました。

（授業と答えたのは4・8％）

（先生と一緒に話したり何かをしたりすることと答えたのは2・1％）

アンケートからも明確なように、子どもは「友だちと話したり一緒に何かをしたりすること」が最も楽しいのです。ということは、**授業そのものが「友だちと話したり一緒に何かをしたりすることができる授業」だったら、どうでしょうか？　子どもたちは、授業が楽しみになると思いませんか？　勉強が好きになっていくと思いませんか？**

「友だちと一緒にがんばれる授業が楽しい」というのは、私の経験としても、自信をもって主張することができます。社会科の学習で調べる・まとめる活動を、前単元までは「原則一人」で取り組んでいましたが、「原則友だちと一緒」に変更しました。授業後のアンケートを一部紹介します。

- 私は、そもそも勉強自体が好きじゃなかったけど、友だちと一緒ならがんばれるってわかりました。友だちと時間を決めて、10分間情報を集めようと教科書を見るのが楽しかったです。一人だと一分も教科書は読めないけど、友だちとなら30分でも読めます。
- 友だちに聞く力がつきました。今までは、わからないことがあっても、先生が解説してくれていたけど、自由進度学習では自分から動かないと、何も進まないからです。友だちの教え方は、教科書よりわかりやすいです。

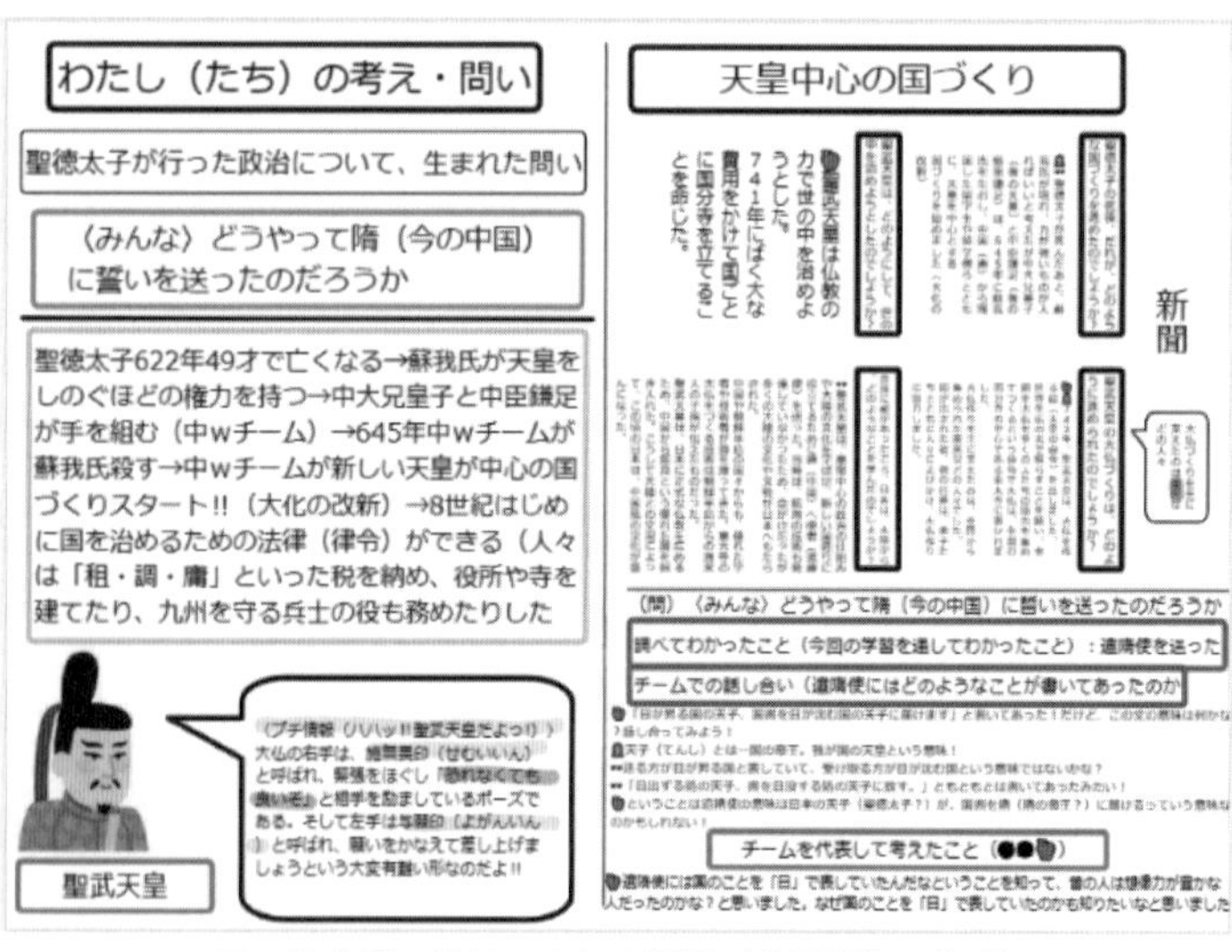

図　社会科の単元のまとめ新聞（共同編集で作成）

アンケートの中で頻出していたワードがやはり「友だち」でした。

これまでも、決して友だちとの協力や相談を禁じていたわけではありません。

A：原則一人で取り組むけど、困ったら友だちと協力してもよい

B：原則友だちと取り組むけど、状況に応じては個別にやってもよい

AとBの教師の指示では、子どもたちの受け取り方は、天と地ほどちがうのだと感じます。

学校という場所で、大好きな友だちと一緒に何かをガムシャラになってがんばってみた経験をたくさんしてほしいなと思っています。そんな尊い場が、運動会や学習発表会など、学校行事に設定さ

れがちです。しかし、学校の9割以上の時間は通常授業なわけですから、**授業の中で友だちとガムシャラになって一緒にがんばった経験を積ませていきましょう。**

右上の図は社会科のまとめ新聞を3人グループで作成したものです。図の3人グループは与えられた学習内容を、2時間も前倒しで学び終えた後は、「より深く学ぶ」「より情報をつなぐ」を合言葉にして、新聞づくりにガムシャラに取りかかっていました。

夢中になっている子どもたちは、休み時間などそっちのけで学び続けます。友だちと勉強するのも、遊びの一つのようです。

学び方を学ぶ授業～アクション（協働する力編）

66 原則、友だちと一緒に取り組むように指示をする

67 友だちと力を合わせて「何かをつくる」という授業に挑戦してみる

共同作業で仲を深める～ハイネケンの実験～

大手ビール企業のハイネケンのＣＭをご存じでしょうか。異なる信念や主張をもつ２人が、互いのことを何も伝えられずに２つの指示を受けます。

①木の椅子と机を、組み立ての説明書を見ながら一緒に作業を進めなさい
②自分を５つの形容詞で相手に説明し、お互いの共通点を３つ探しなさい

①の共同作業と②の対話を経た後、お互いの異なる信念や主張を明かされた後だとしても、２人で組み立てた椅子に座りビールを楽しむ姿が描かれています（YouTubeに４分程度の動画があります。「ハイネケンＣＭ」と検索してみてください）。

共同作業と対話が、異なる考え方をもった者同士の仲を深めた事例の一つだと思います。

先生が話している時に「なんで？どうして？もっと知りたい！」って思ったことを、どんどん書こう。

わたし（たち）の考え・問い

藤原道長はなぜ、自分にすごく自信があるのだろう？
なぜ、自分が直接天皇に近づこうと思わなかったのだろう？
なぜ、庶民と貴族を分けようと思ったのだろう？
蹴鞠は飽きなかったのだろう？
なんでそんなに上に立ちたかったのだろう？
昔の人たちの遊びは何をしていたのだろう？
なぜ、武士の世を作ろうと思ったんだろう？
清少納言　紫式部　どっちのほうが人気が高かったのだろう？

問いを１つにしぼる→問いを調べる→チームで話し合う→自分の考えをもつ→提出物にまとめる

図　社会科のオリエンテーションの時間で出した問い（3人の共同編集）

私は子どもたちには、できるだけ多くの共同作業を、多様な人と経験してもらいたいと考えています。「子どもは、同じクラスにいれば自然と仲よくなる」という通説は幻想に過ぎません。意図的に、そのような場の設計が必要です。

授業グループや班構成は、なるべく早いうちに全員と関われるような仕組みを心掛けましょう。私は1年間の折り返し地点である9月30日までにはクラス全員と、何かしらの共同作業に取り組む状況をつくっています。

まずは、次のような簡単な共同作業から始めるのがいいでしょう。

3人グループをつくり、教師の社会科の単元オリエンテーションを聞いている間に生まれた問いを、共同編集の画面にどんどん書き出していくという共同作業です（上の図）。

やってみて気づくことがあります
どうしたら高め合えるかな？

☑	Aさん	☐	Hさん	☐	Oさん
☑	Bさん	☐	Iさん	☐	Pさん
☑	Cさん（自分）	☐	Jさん	☐	Qさん
☐	Dさん	☐	Kさん	☐	Rさん
☐	Eさん	☐	Lさん	☐	Sさん
☐	Fさん	☐	Mさん	☐	Tさん
☐	Gさん	☐	Nさん	☐	Uさん

スプレッドシート　授業グループを組んだ子にはチェックをつける。原則、同じ子とはもう組めない

	一緒に取り組んだ人	メタ認知（友だちの良かった事、いいね、気付き、一緒にやって自分が成長した事）
社会のチーム	Aさん	Aさんは、常に私たちのグループを引っ張ってくれました。「司会はどうする？」「今日のグループの計画立てようか」と必ず、3人の中で、最初に切り出してくれたおかげで助かりました。
社会のチーム	Bさん	Bさんは、とにかく教科書や動画などから、色んな情報を収集してくれることがスゴイなと思いました。社会科の新聞づくりに使えそうな材料を家庭学習で、資料集や動画から調べてきてくれて、スゴイなと思いました。

スプレッドシートでグループのメンバーのよかったところを振り返る

一人が3つの問いを出すだけでも、合わせて10個近い問いが生まれることになります。

教師が「このチームは、すごいな。こんなにたくさんの問いがあるよ」と価値づけることも大切です。

授業を組むメンバーに偏りが生まれないように、子どもたち自身にも「誰とグループを組んだのか」をスプレッドシートに記録をつけてもらいます（上の図参照）。現在、担任している子ども

たちとは、「国語の提案文の3人組」「社会科の学習を進める3人組」「算数の1学期のまとめに取り組む3人組」「音楽づくりに取り組む3人組」など、様々な教科で3人組を取り入れています。

誰とやったか忘れないようにするために記録するという側面もありますが、その人のよかったところを大事に残しておくという観点も大切にしています（右下の図参照）。

学び方を学ぶ授業～アクション（協働する力編）

68 授業でクラス全員と関わりがもてるようにする

69 共同作業をした後、よかったところに目を向ける振り返りを取り入れる

君たちは誰と生きるか

授業で「誰と一緒」に学ぶべきかを子どもたちに任せる際の大きな心配事は、おしゃべりや学びからの逸脱でしょう。こんな悩みを後輩から受けたことがあります。

「学習者主体の授業はうちのクラスは難しいようです。試しに誰と学ぶかを任せてみたけれど、おしゃべりだらけだったし、影でコソコソ、ネット検索をしているグループもありました。今まで通りの一斉学習に戻そうと思っています」

向かおうとしている方向性が素晴らしかっただけに、もったいないと伝えました。後輩に送ったアドバイスを、そのまま本書を手にしている皆さんにも送ります。

まず大前提として、「誰と学ぶか」は学習において、非常に重要な決断であることを子どもたちに宣言しましょう。「君の勉強を大きく左右する決断だよ」と。

子どもたちに、初めて「誰と学ぶか？」を任せる際には、次のような学級通信を配ったこともありました。平均5人の話です。

丁寧な説明をしてから、誰と学ぶかを任せることが重要です。対応より「予防」です。

学級通信「誰と学ぶかは、すごく重要」

今日の社会科の授業から、「誰と学ぶのか」を皆さんに任せたいと考えています。お互いが一緒に高め合いながら、学んでくれると、うれしいです。

“なんとなく”普段から過ごしているから、Aさんと勉強しようは、筋がよくない決め方だと先生は思います。

「あなたの周り５人の平均があなたである」という有名な言葉があります。考え方や物事への取組が周りの５人とどんどん似通ってくるというものです。

「勉強楽しい！おもしろい」と思っている人と一緒に学べば、あなたもそう思うようになります。

「先生から言われた課題は終わったけど、自分たちでもっとやろう」と考えている人が周りにいれば、あなたもそう思うようになります。

どんな人が周りにいるかは、あなたの勉強において、とても重要な決定なのです。色んな友だちと勉強してみて、高め合える友だちを見つけてくださいね。あなたの人生の大きな支えとなるはずです。

図　誰と学ぶか任せる直前の学級通信

長期的視点で捉えるイメージ図

けれども、小学生ですから（というか人間ですから）失敗は日常茶飯事です。自分が選んだ友だちと学ぶことによって、弊害が生まれることもあるでしょう。「当然失敗はある」という考え方を教師がもっておくことが重要です。そのような考え方をもっていないと、冒頭で紹介したような、教師主導の学習へ引き返すことになります。

人生１００年時代と言われています。失敗する日もあれば、なかなか成長しない日もあるでしょう。でも、長期的に捉えて、右肩上がりで、なだらかに成長していけばいいのではないでしょうか。**私たち大人の悪い癖は、大切な子どもを目の前にすると、成長を短期的に捉えてしまうことです。**

「今はできなくても、５年後にできていたらいいのではないか」

「この1カ月間の盛大なる失敗が、後の人生の糧になるのではないか」

「自分で考えて決めたことで失敗したなら、学びが残るから、成功ではないだろうか」

こうした長期的な視点をもって、子どもたちと関わる「心の余裕」も、もち合わせていたいものです。

学び方を学ぶ授業～アクション（協働する力編）

心理的安全性

「学習する文化」がクラスに浸透してきたのを感じた後は、「誰と学ぶか」は基本的にすべて任せてしまうことが多いです。なぜなら、よりよく学ぶためには、協働する学習メンバー間での心理的安全性が非常に重要だからです。

心理的安全性とは

心理的安全性がある状態というのは、**組織の中で、誰もが安心して自分の考えや気持ちを話し、行動できる状態を表します**。Googleが、「チームの生産性を高めるには、心理的安全性を高める必要がある」と発表し、注目されています。

子どもたちが、自由に「誰と学ぶか」を決定する場合は、日常の人間関係を最重要視します。休み時間や放課後の強制されていない時間でも、わざわざ一緒に過ごす友だちなのですから、信頼し合える土台は十分に備わっています。あとは、正しく学んでいけるような情報を伝え、支えていくだけです。

では、どのように教師は関わり、学級の心理的安全性を高めていくことができるでしょうか。心理的安全性という言葉を提唱したハーバード大学のエドモンソン教授は、著書『チームが機能するとはどういうことか』の中で、心理的安全性を高めるリーダーの行動を8つ挙げています。

① 直接話のできる親しみやすいリーダー
② 現在もっている知識の限界を認めるリーダー
③ 自分もよく間違うところを積極的に示すリーダー
④ 参加を促すリーダー
⑤ 失敗は学習する機会であることを強調するリーダー
⑥ 具体的な言葉を使うリーダー
⑦ 境界を設けるリーダー
⑧ 境界を超えたことについてメンバーに責任を負わせるリーダー

すべて大切な8項目ですが、教室の中において特に大切だと考えているのは、②と⑦です。

② 現在もっている知識の限界を認めるリーダー

「先生は答えをもっていて、合格を与える存在となる」

先生が乗り越える壁的な検査官の役割をしていては、クラスの心理的安全性は高まりません。なぜなら、目的を達成することではなく、教師からの合格をもらうことが目的となってしまうからです。教師は、子どもたちの学びを支える役割であり、成長に驚く役割でありたいものです。

「君たちは、なんでそんなことをやっているの？　教えてくれる？」

「先生も、その答えは知らないな〜もし調べたら教えてくれるかな？」

と子どもたちを一人の学習者として、敬意をもって接しましょう。

⑦ 境界を設けるリーダー

拙著『超具体！　自由進度学習はじめの1歩』では、「誰と学ぶか？」の選択に留まらず、「どういう進度で学ぶか？」「どこで学ぶか？」「どの手段で学ぶか？」など、様々な自己選択をする学習構成を紹介しました。しかし「任せたら勝手なことをするのでは…」という質問が多数寄せられたので、改めて大事なことを述べさせてください。

自由にするとは「どこまでＯＫで、何がダメなのかを明確にすること」です。**「誰と学ぶか？」を子どもたちに任せたということは、その部分だけを、まずは任せたということ**

を強調してください。一斉授業の際に、授業に関係ないおしゃべりを許容はしていないはずです。その境界を越えてきた場合は、厳しく注意をしましょう。心理的安全性は誤った文脈で捉えられがちですが、あくまで「学習する時間」である前提を大切にしましょう。

学び方を学ぶ授業～アクション（協働する力編）

72　学習する文化が浸透したら、誰と学ぶかは任せてみる

73　子どもたちを一人の学習者として敬意をもって接する

74　学習する文化を侵害する行為には、注目し、注意をする。学習者を守る

互いの「強み」を生かす～チームになろう～

子どもたちに、グルーブとチームのちがいを伝えていますか？

グループ　単に複数の人が集まっている状態、集められた集団

チーム　目的や目標を達成するという意志のもとに集まった・集められた人の集団

つまり、始めはどんな集団もグループだということです。グループだったけど、途中から何かしらの変化が起こり、チームへと変わっていくのだと考えます。私は2つの言葉を明確に使い分けていて、体育ではこのような声かけをします。

T：ちょっと待って。Aグループの5人は集まって何してるの？

C：次の試合に向けて作戦会議をしています。前に負けた相手だから、勝ちたいんです

T：もうAグループじゃなくて、Aチームだね。君たち、いい顔をして学んでいるよ

子どもたちには、何度もグループとチームの定義は伝えています。そして、当然ですが、せっかく同じ時間を過ごすなら、チームになってほしいとも伝えています。

年度当初に「自分説明書」を書き、お互いにコメントし合うのも有効な関わりです（次のページの図参照）。得意なことや「イライラ・助けてポイント」などを事前に共有し合うことによって、お互いのことを知ってから協働し合うことが可能になります。

係のポスターづくりなど、簡単なものからお互いの得意を生かし合って、ものづくりをしてみま

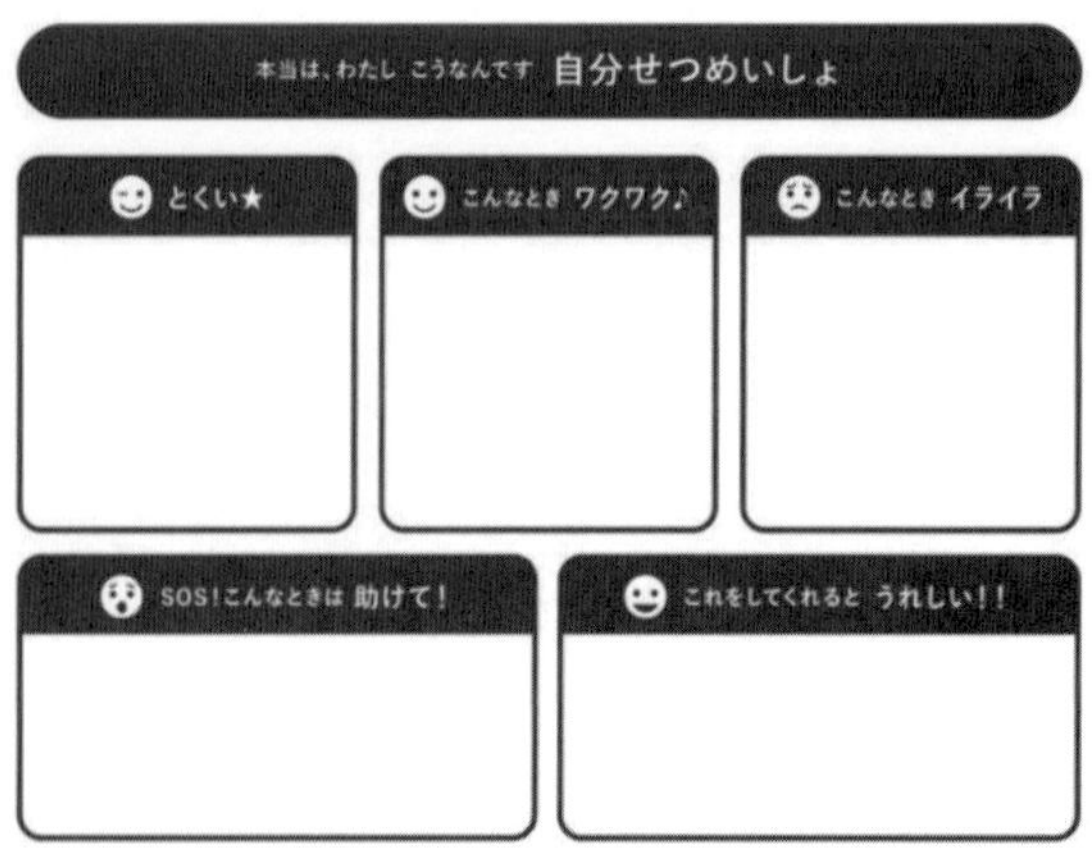

図　NHK for School U&I のワークシートより使用

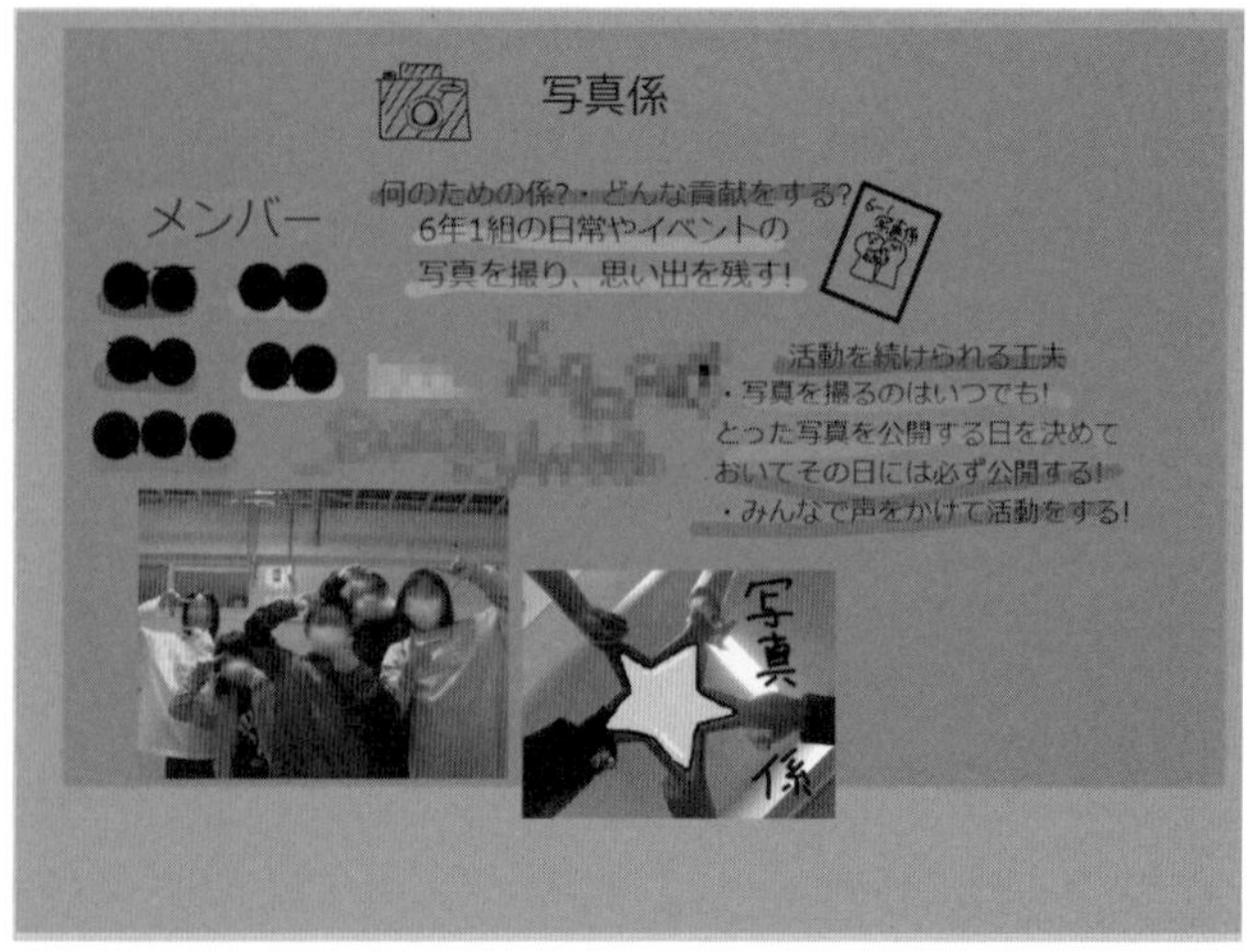

図　お互いの強みを生かしてつくろうと伝え、作成を開始した係の掲示用ポスター

しょう。文章を書くのが得意な子、写真構成が得意な子、デザインが得意な子、アイデア出しが得意な子、みんなの得意をもち寄って、よりよいものをつくる経験をさせましょう（右下の図参照）。

これらの経験がきっかけとなり、その後の学習でも様々な友だちの間で、つながりが生まれていきます。

学び方を学ぶ授業 ～アクション（協働する力編）

75 グループとチームのちがいを教え、チームになっている子どもたちを称賛する

76 「お互いをよく知る・話を聞く・理解しようとすることを続けよう」と語る

77 お互いの強みを生かして、ものづくりをする授業をする

誰と誰を組み合わせるか？担任の力を発揮する場面

「授業のグループ決めは、どのようにしていますか？　子どもに任せると、特定の子とばかり偏りませんか？」

学習会の際に、このような質問をいただきます。

「教師が学習のグループを決めるとき」に大切にしている点を述べていきます。

特にはじめのうちは学習グループは原則教師が決める

色々な先生方の考えがあると思いますが、私は年度当初は、学習グループも座席も「原則教員」が決めるようにしています。「**誰と学ぶか？**」**を子どもたちに任せるのは、教室に学習する文化が浸透してきた頃です。**学級がスタートした頃は特に、子どもたちがグループを決める場面はほとんどありません。くじ引きはまったくしないですし、子どもたちが話し合いで決める場面もそんなに多くありません。なぜ原則教師が決めるのか、理由は２つあります。

理由の１つ目は、**個人への配慮が必要な子がいる**からです。「座席が２列目まででないと黒板の字が見えない」「ＡさんとＢさんが近くに座ると、喧嘩になりやすい」「教室の真ん中の方にいると落ち着かない」など、様々な観点から配慮が必要な子が教室にはいます。それらの悩みを予防できるのであれば、教師が担う「グループ決めの時間」は重要な業務内容だと考えています。

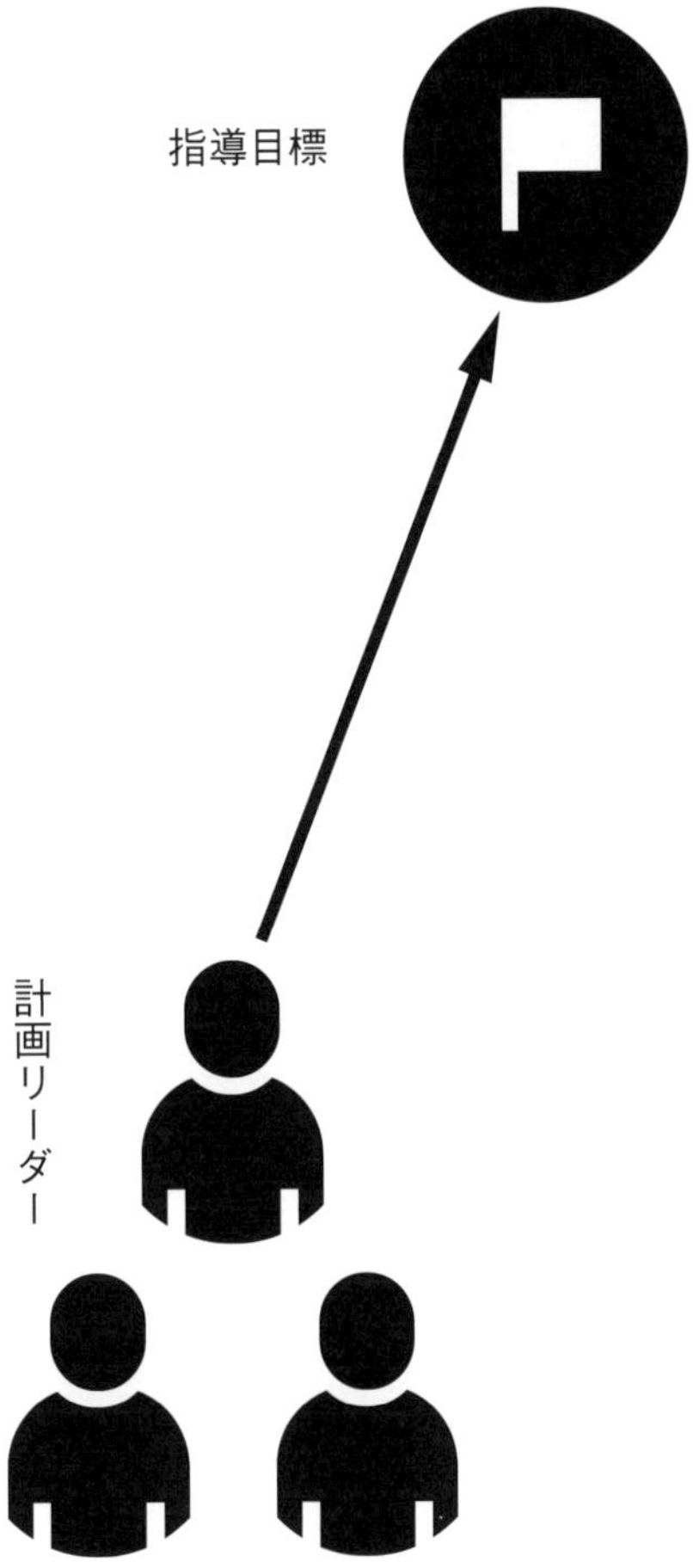

指導目標

計画リーダー

図　学ぶ力もつけながら学習するイメージ図

2つ目は、**グループにメッセージを込めたい**からです。私は、各教科の指導目標の内容だけではなくて、「学び方」も学校の授業で身につけてほしいと思っています。そのためには、グループ編成すらも「学び方を学べるチーム」にしたいと考えているのです。

たとえば、2章で紹介した「計画を立てる力」が、教師から見て素晴らしいなと感じる子が10人いたとしたら、その10人をリーダーとした、学習班を構成します。

計画する力も身につけながら学ぶために、10人のリーダーの子たちに視線を向けて次のような語りを行います。

「**今回の3人チームのテーマは、計画する力です。**今回リーダーに任命した10人は、先生から見てもキラリと光る計画をする力のあるリーダーです。選ばれなかった人が、計画する力がないと言っているわけではないからね。是非リーダーの姿から、最初の計画する時間を共に過ごし、学んでほしいなと思っています。そして、できれば、どうしてそういう計画を立てているのか質問してほしいです。いつも言っているけど、**素直に学び、誠実に質問できる人が学ぶ力を伸ばしていきます。**今回の8時間の単元でクラス全体に計画する力が浸透したらうれしいなって考えています。今回の単元では、計画する力も伸ばしていこうね」

そもそも論ですが、**私は「誰と誰を組み合わせるか？」は担任の力が最も発揮できる場面の一つだと確信しています。**ここは教師のリーダーシップを存分に発揮する場面ではないでしょうか。

普段はそんなに仲よしなわけではない3人。だけど、「この3人を一緒に学びに向かわせたら、面白そうなことが起こるな」「とんでもない化学反応が起こるかもしれない」と感じる組み合わせの子はいませんか？

私は、そういう子たちがいたら、その感じている直感を子どもたち本人に伝えてしまいます。**思っていることは、言葉にするのが、私のモットーです。**

学び方を学ぶ授業～アクション（協働する力編）

78 授業の活動グループは原則教師が決める

79 誰と誰を組み合わせると、より「学ぶ力」も高め合えるか考え、グループ編成をする

コラム7

まずは個の武器を磨き、そして互いの武器を生かす

息子が大好きなアニメに「ブルーロック」というサッカーアニメがあります。大好きすぎて、かれこれ5周は見ているので、私も一緒に詳しくなりました。

「ブルーロック」とは、日本がW杯で勝つため、最強ストライカーの育成を目的に選抜された高校生300人が集められて、残り1人になるまで戦うデスゲーム×サッカー漫画です。

ここで集められた高校生たちが、「どうしたら生き残れるのか？」と葛藤し、試行錯誤する姿は、まさに学習者にも当てはまることだと感じました。簡略化した概要は次の通りです。

① まずは自分自身の武器（強み）を見極めて、思考し続けよ

② その武器（強み）の、生かし方を模索し続けよ
③ 互いの武器（強み）を掛け合わせて、チームで勝ち上がれ

ドリブルが得意な子もいれば、パスが得意な子もいるし、足が速い子もいて様々です。それぞれの武器（強み）を掛け合わせて、チームの勝利という目的に向かう場面が印象的です。

学校での学習を、自分自身の強みに気づく時間と捉えるのは、どうでしょうか。「私は書くことが得意かもしれない」「僕は人前で発表するのが全然嫌じゃないかもしれない」と実感できる場面が学校には、たくさん存在します。

「私は、図書館の本でよい資料を知っているから、探してくるね！」
「ありがとう。その間に、まとめ用の紙のレイアウトを整えておくね！」
「じゃあ自分は、プレゼンの構成を考えるね！」

互いの強みを生かし合う学習会話がたくさん溢れることを目指しています。

おわりに〜拝啓15のキミへ〜

『学び方を学ぶ授業』…読んでいただき、ありがとうございました。

最後にカミングアウトします。本を1冊書くのって、本当に大変なんです。何千冊と読んだ本と教員人生の経験を掛け合わせ、読者の皆さんに何か少しでも価値を届けようと何百時間も試行錯誤する行為が本を書くということです。でも、その果てしない苦労が一瞬にして報われる瞬間があります。「読んでくれている人がいる」と思える瞬間です。

この巻末部分「おわりに」まで、目を通してくださっている「誰か」を想うからがんばれちゃうわけです。今も夜21時のコメダ珈琲店にて、お皿を洗う音をBGMに皆さんにメッセージを届けようとしています。最後に、もうちょっとだけお付き合いください。

なぜ「学び方を学ぶ授業」を書いたのか？

2つの理由があります。

1つ目は、最初の拙著『超具体！ 自由進度学習はじめの1歩』を読んで、実際に学習者主体の授業を取り組み始めてみたけど、継続的運用に悩んでいる先生方に向けた本を書きたかったからです。『学び方を学ぶ授業』に掲載した全79個の教師の関わりを、1つ1つ取り組んでいけば、自由進度学習での学びがより有意義なものになります。

自由進度学習で「子どもたちが学び方を学ぶ授業」ができたら、最高だなと思っています。義務教育を終える際、教科の指導目標の力だけではなくて…①学習者の考え方②計画力③目標設定力④集中力⑤継続力⑥振り返り力⑦協働力なども成長していたら、きっとその先の人生にも使える確かな武器になると信じています。

2つ目は、「過去の自分のようになってしまう人」を一人でも減らしたい想いで書きました。私には、もしタイムマシンがあるならば戻りたい時期が1つだけあります。それは15歳の自分、高校時代の3年間です。

高校時代、富良野市という田舎町から、札幌市へやってきました。大都会札幌には、優秀な人がたくさんいました。勉強面においても、地元では1番2番だった順位が信じられないくらい下がりました。部活も中心選手だったのに、高校では3年間補欠のままでした。そんな場面に直面したとき、高校時代の自分がとった行動は「環境や人のせいにする」ことでした。

・上位の人の結果を羨むだけで、自分はがんばろうともしない

・何かと、環境や人のせいにして、手を抜くことを考え、努力しようともしない

他責を繰り返し、なんとなくやり過ごした高校3年間は、自分にとって後悔が残りました。しかし、ゲームの世界とはちがい、現実の世界は、後悔しても、やり直すことなどできません。

じゃあ、同じような「高校生活を送る子どもを減らすことはできないだろうか」「自分は3年間だったけど、その年数を減らすことはできないだろうか」と考えるようになりました。

今振り返ると、なぜ、あのようになってしまったのか？　今ならはっきりわかります。

15の僕には、学ぶ力がまったく無かった。

そう、断言できます。

中学時代までは、たまたま環境に恵まれていただけだったのです。

言われた通り暗記して、言われたことをやって、一定の量を覚えることは、ちょっぴりだけ得意だっただけなのかもしれません。でも…

・計画する力もないから、15の僕は、宿題がなくなった途端に何もしなくなった
・目標設定力もないから、15の僕は、漠然と言われたことをやる日々を過ごした
・集中力も継続力もないから、15の僕は、やる気が生まれたとしてもすぐやめた
・振り返る力がないから、15の僕は、何がダメなのかも認識できなかった
・協働力もないから、15の僕は、友だちと協力して高め合うことができなかった

そして何より…

・学習者の考え方が育っていないから、15の僕は、勉強が退屈で仕方なかった

すべてを、この1冊に込めて書き綴りました。

子どもたちの一生懸命がんばる姿は、本当に尊いものです。明るい未来を感じます。
でも、「一生子どもたちの近くで教えることはできない」事実も認識すべきです。

必ず離れる日が、教え子だろうと、我が子だろうと訪れます。大切な子どもたちには、知識だけではなくて「学び方」のスキルや経験値も十分重ねた上で、それぞれの道を自信をもって歩んでほしいと思っています。

私たちにできることは、

学び方を学ぶ授業を積み重ねること

次の世代の生きる時代が、自分の生きた時代よりも、よい世界であることを願って。

難波　駿

Xの投稿はこちらから。#学び方を学ぶ　で投稿してくださった内容は必ず読んで反応させていただきます。

自由進度学習会というFacebookグループです。購入者特典「学び方を学ぶ学級通信7選」はこちらで配布させていただきます。

音声配信を始めました。自由進度学習や学び方を学ぶ授業について配信します。放送コンセプトは「あなたの大切な人が勉強にちょっぴり前向きになる」。

1冊目の著書。『超具体！自由進度学習はじめの1歩』。ここから30ページの試し読みができます。

謝辞

本書『学び方を学ぶ授業』を無事に書き終えようとしています。

この1冊を書くことができたのは、幸運にも多くの素敵な方々との出会いに恵まれたからです。

家族・親族・友人

2023年3月。初めて書いた本を渡したとき、自分のことのように、いや、それ以上に喜んでくれる姿を見て、本当にうれしい気持ちになりました。学校の先生向けの本なのに、何冊も買ったり、家に飾ったり、読んで報告してくれたりしました。

執筆が行き詰まり、苦しい…と感じるときには「また喜んでもらえるかな」「今までお世話になった感謝を伝えたいな」「大きくなったときに、読んでくれるかな」と思うことが何よりの原動力となりました。いつまでも元気で、笑顔でいてください。これからもよろしくお願いいたします。

仕事を通して出逢った皆さん

同僚の皆さん。「職場に恵まれている」と感じられる教員人生であることは本当に幸運です。皆さん温かく、素晴らしい方々ばかりです。私の「やってみたい」という思いを尊重し、一緒に取り組んでくれたからこそ、ワクワクする実践を毎年続けられています。

保護者の皆さん、子どもたち。初任者の頃から毎週、金曜日に発行している学級通信。1年目の頃、保護者の方から「先生の学級通信をテーマに、家族みんなで話し合っています」と言っていただいたことが本当にうれしかったのです。

先日も、単身赴任だという保護者の方からわざわざお手紙をいただきました。「先生とは、お会いしたこともありませんが、先生の発行する学級通信を妻から写真で送っていただいていました。娘は、こんな先生のもとで教室を過ごせて幸せだなと、感じておりました」

文章を書き、想いを届けることで誰かに喜んでもらえるかもしれない。ちょっぴり役に立てているのかもしれない。そんな喜びを感じさせていただいた保護者の皆様、子どもたちに心より感謝いたします。幸せに過ごしていることを願っています。

学び方を発信していた先人の皆さん

13年目の教員人生を終えようとしています。私が13年間、仕事を通して一番考えたのは

「**どうしたら勉強が楽しくなるのか？**」でした。休み時間にはあんなにもキラキラと目を輝かせていた子どもたちが、授業中になると退屈そうに下を向いているのが苦しかったのです。

子どもたちが「授業が楽しみ」「勉強って楽しい」に到達できるのは、本当に難しく、私一人の経験だけでは到底辿りつけませんでした（あ、まだまだ道半ばです…）。

多くの先人の方が、本や動画を通して、学び方の発信をしてくれたお陰で、色々な実践を試すことができました。ありがとうございました。

東洋館出版社の皆さん

本を執筆している教員であれば誰もが知っている、編集者北山俊臣さん。毎年、数多くの教育書を読んでいる北山さんから「面白いです」「かなりの良書です」と反応をもらえたことが大きな自信に繋がりました。北山さんが「難波先生らしさを出しましょう」と背中を押してくれるから、私は思いっきりフルスイングすることができています。今作も北山さんに編集していただいたこと、心より感謝しています。最後に、出版という大変貴重な機会をくださり支えていただいた東洋館出版社の皆様に、この場を借りてお礼申し上げます。

プロフィール

難波駿（なんば・しゅん）

1988年北海道富良野市生まれ。北海道札幌国際情報高等学校卒。北海道教育大学札幌校卒。同年より札幌市公立小学校にて勤務。札幌市教育研究推進事業国語科副部長。北海道国語教育連盟説明文部会チーフ。

子どもが「勉強って楽しい、学ぶって面白い」と感じる授業を目指し研究中。学習者主体の授業手法や教育観、自立した子の育成に関する発信を書籍・講演会・SNSを通して続けている。

2023年3月に著書「超具体！自由進度学習はじめの一歩」（東洋館出版社）を出版。同書は発売から重版を積み重ね、ベストセラーとなっている。そのほか、共著に「初任者教師のスタプロ スマート仕事術」（東洋館出版社）があり、寄稿した本には「国語力を磨く 書く読む話す聴く４つの力の育て方」（日本橋出版）など、他多数。

学び方を学ぶ授業

2024（令和6）年 2 月22日　初版第1刷発行
2024（令和6）年10月25日　初版第6刷発行

著　　者：難波駿
発 行 者：錦織圭之介
発 行 所：株式会社　東洋館出版社
〒101-0054　東京都千代田区神田錦町 2-9-1
コンフォール安田ビル２階
代表　TEL：03-6778-4343　FAX：03-5281-8091
営業部　TEL：03-6778-7278　FAX：03-5281-8092
振替　00180-7-96823
URL　https://www.toyokan.co.jp

装　丁　：國枝達也
イラスト　：こすげちえみ
組　版　：株式会社ダイヤモンド・グラフィック社
印刷・製本：株式会社ダイヤモンド・グラフィック社

ISBN978-4-491-05419-3

Printed in Japan